국가직무능력표준 National Competency Standards 수행준거별

초보 경리 (자금)실무자를 위한

능력단위

자금관리

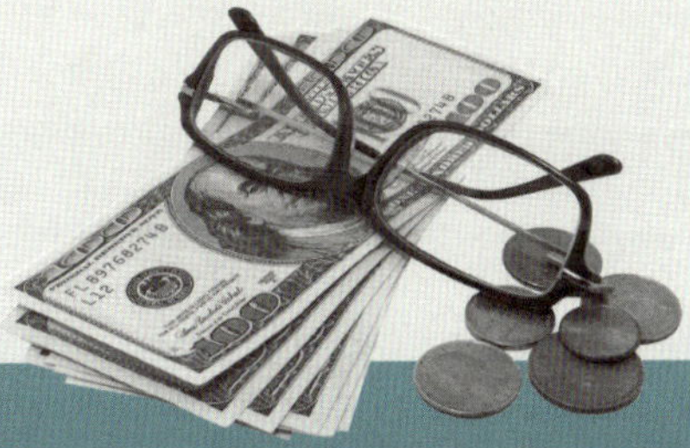

차동준

도서출판 청람

머리말

이 책은 회계(회계·감사, 세무)분야에서 기본이 되는 직무능력인 〈자금관리〉를 학습하도록 구성되었다. 이 직무능력단위는 현금시재 관리, 예금 관리, 법인카드관리, 어음·수표 관리를 내용으로 하고 있다. 종전 〈자금관리〉라는 명칭으로 다루어졌던 책들은 자금의 조달과 운용을 광범위하게 다루었지 실제 현장 실무에서 자주 접하는 업무내용은 많지 않았다. 이러한 현상은 자금관리뿐만 아니라 과거 교육내용에서 전반적으로 나타났었다. 따라서 과거의 교육은 실무에 바로 투입 가능한 인재양성 교육(훈련)과는 많은 차이가 있었으며, 특히 직업교육기관의 많은 교육들이 비슷한 문제점을 가지고 있었다. 따라서 순수학문 분야가 아닌 직업교육 분야에서는 불필요한 스펙위주의 교육을 배제할 필요성이 있다는 제안이 그동안 많이 있어 왔다.

'국가직무능력표준(NCS: National Competency Standards)'은 산업현장의 요구직무를 성공적으로 수행하기 위해 필요한 능력(지식·기술·태도)을 국가적 차원에서 표준화한 것이다. 회계(회계·감사, 세무) 직무에서도 산업현장에서 요구되는 능력단위와 능력단위요소가 정해지고 이를 학습하기 위한 수행준거도 정해졌다. 이것은 실무형 맞춤 인재를 양성하는 기준이 정해진 것으로서, 이제 NCS는 교육(훈련)을 통해 일자리나 자격제도 등과 상호 연결되어 인재 선발과 채용 시 능력 판단의 기준으로 활용되는 것을 피할 수 없게 되었다.

이 책은 이러한 사회 변화의 추세를 적극 반영하여 다음과 같은 사항에 역점을 두어 구성하였다.

1. NCS분류체계 중 '회계 · 감사'와 '세무' 2개의 세분류에서 기본이 되는 능력단위인 〈자금관리〉의 내용을 빠짐없이 반영하였다.
2. NCS가 요구하는 '평가지침'에 따라 직무능력을 평가하고, 학습자가 자신의 직무능력을 점검할 수 있도록 각 단원마다 '직무능력평가'문제를 수록하였다.
3. '실무상식'을 통해 실무에서 일어나는 민감한 사항을 해결토록 했으며, '보충설명'을 통해 이해가 쉽지 않은 사항을 추가 설명하고, 중요한 사항을 강조하였다.

끝으로 이 책의 출간뿐만 아니라, 다양한 NCS기반 실무능력 서적들의 출간을 위해 힘쓰고 있는 도서출판 청람의 이수영 사장님께 감사의 마음을 전한다.

저자
차동준

차 례

Chapter 4 어음 · 수표 관리 능력단위요소

해답

자금관리
능력단위

자금관리 능력단위 정의: 자금관리란 기업 및 조직의 자금을 관리하기 위하여 회계관련 규정에 따라 자금인 현금, 예금, 법인카드, 어음·수표를 관리하는 능력이다.

능력단위	능력단위요소	수행준거(학습목표)
자금관리	1. 현금시재 관리하기	1.1 회계관련 규정에 따라 당일 현금 수입금을 수입일보에 기재하고 금융기관에 입금할 수 있다. 1.2 회계관련 규정에 따라 출금 시 증빙서류의 적정성 여부를 판단할 수 있다. 1.3 출금할 때 정액자금전도제에 따라 소액현금을 지급 · 관리할 수 있다. 1.4 회계관련 규정에 따라 입 · 출금전표 및 현금출납부를 작성하고 현금 시재를 일치시키는 작업을 할 수 있다.
	2. 예금 관리하기	2.1 회계관련 규정에 따라 예 · 적금을 구분 · 관리할 수 있다. 2.2 자금운용을 위한 예 · 적금계좌를 예치기관별 · 종류별로 구분 · 관리할 수 있다. 2.3 은행업무시간 종료 후 회계관련 규정에 따라 은행잔고를 대조 확인할 수 있다. 2.4 은행잔고의 차이 발생 시 그 원인을 규명할 수 있다.
	3. 법인카드 관리하기	3.1 회계관련 규정에 따라 금융기관으로부터 법인카드를 발급 · 해지할 수 있다. 3.2 회계관련 규정에 따라 법인카드 관리대장을 작성 · 관리할 수 있다. 3.3 법인카드의 사용범위를 파악하고 결제일 이전에 대금이 정산될 수 있도록 회계처리할 수 있다.
	4. 어음 · 수표 관리하기	4.1 관련 규정에 따라 수령한 어음 · 수표의 진위 여부를 식별할 수 있다. 4.2 관련 규정에 따라 수령한 어음 · 수표를 금융기관에 입금 · 예탁할 수 있다. 4.3 관련 규정에 따라 어음 · 수표를 발행 · 수령할 때 회계처리하고 어음관리대장에 기록 · 관리할 수 있다. 4.4 관련 규정에 따라 어음 · 수표의 분실 및 부도가 발생한 때 대처하여 해결방안을 수립할 수 있다.

Chapter 01

현금시재 관리 능력단위요소

현금시재 관리하기(능력단위요소)를 위해 필요한 지식, 기술, 태도

구분	필요사항
지식	• 대금의 지급방법 및 지급기준 • 입·출금 전표 및 현금출납부 작성방법
기술	• 입·출금에 대한 근거자료 확인능력 • 전도금 관리능력
태도	• 현금 관리 규정을 준수하는 태도 • 현금시재 관리에 대한 정확한 태도

자금관리

능력단위요소	수행준거(학습목표)
1. 현금시재 관리하기	1.1 회계관련 규정에 따라 당일 현금 수입금을 수입일보에 기재하고 금융기관에 입금할 수 있다. 1.2 회계관련 규정에 따라 출금 시 증빙서류의 적정성 여부를 판단할 수 있다. 1.3 출금할 때 정액자금전도제에 따라 소액현금을 지급·관리할 수 있다. 1.4 회계관련 규정에 따라 입·출금전표 및 현금출납부를 작성하고 현금 시재를 일치시키는 작업을 할 수 있다.

1.1 현금(예금)수입일보 기록과 금융기관 입금

학습목표(수행준거)

회계관련 규정에 따라 당일 현금 수입금을 수입일보에 기재하고 금융기관에 입금할 수 있다.

(1) 자금관리

1) 자금의 의의

'자금'이라는 용어는 다양하게 정의할 수 있다. 사전적 의미의 자금은 사업을 경영하는 데 쓰는 돈, 특정한 목적에 쓰는 돈을 뜻한다. 그러나 기업회계기준에 의해 정의되는 자금은 '현금및현금성자산'을 의미한다. 또한 자금실무에서는 현금및현금성자산에 한도대출까지 가산한 금액을 가용자금으로 정의한다.

계정과목	세부계정과목	구성내용	
현금및 현금성자산	① 현금	통화	한국은행이 발행한 주화, 지폐
		통화대용 증권	타인발행수표, 자기앞수표, 가계수표, 송금수표, 우편환증서, 공사채 만기이자표, 배당금수령증, 일람출금어음, 국고지급통지서, 대체저금환급통지서 등
	② 예금	당좌예금, 보통예금 등 요구불예금	
	③ 현금성자산	① 큰 거래비용이 없고 ② 현금으로 전환이 용이하고 ③ 이자율변동으로 인한 가치변동의 위험이 중요하지 않은 ④ 유가증권 및 금융상품으로서 취득당시 만기가 3개월 이내에 도래하는 것을 말한다.	

보충설명 ○ 한도대출

한도대출은 개인이나 법인의 신용에 따라 금융기관에서 일정규모의 신용한도를 미리 받아놓고, 그 한도 내에서 개인이나 법인이 필요할 때마다 대출을 받아 쓸 수 있는 대출방식이다.
이러한 대출은 약정한도 내에서 자유롭게 입출금이 가능하고 대출이 이루어진 부분에 대해서만 이자가 발생하지만 금리는 상대적으로 높은 편이다. 당좌차월이나 마이너스대출이 여기에 해당한다.

2) 자금관리와 적정유동성

기업에서의 자금관리란 자금의 수입과 지출을 기록·관리하고, 분석해서 자금계획을 수립하여 효율적으로 부족자금을 조달하고 여유자금을 운용하는 것이다. 즉 적정유동성을 확보함으로써 안정성을 확보하는 동시에 수익성을 극대화하는 것이다. 이를 위해 적정유동성을 파악하고 부족자금이 발생하지 않도록 자금일보(현금(예금)수입일보)와 같은 자금수지실적표와 장·단기 자금수지계획표, 금융현황표(금융자산현황, 부동산현황, 차입금현황, 보증현황 등)를 작성하여 관리한다.

(2) 적정유동성 확보

1) 유동성과 적정유동성의 의의

유동성의 사전적 의미는 자산을 현금으로 바꿀 수 있는 정도를 뜻한다. 넓은 의미로는 기업이 화폐수요에 대응할 수 있는 정도를 뜻하며, 좁은 의미로는 채무지불이나 변제시기에 맞추어 현금을 비롯한 자금을 동원할 수 있는 정도를 뜻한다. 기업입장에서는 유동성을 기업이 언제든지 사용할 수 있는 자금으로 정의한다. 이러한 이유에서 기업은 언제든지 대출이 가능한 한도대출까지 유동성에 포함한다. 기업은 적정유동성을 확보하는 것이 중요하다. 그 이유는 유동성이 지나치게 높으면 자본의 수익성이 떨어지고 유동성이 지나치게 낮으면 지급불능위험에 대응하기가 어렵기 때문이다.

2) 적정유동성 규모의 계산

기업의 적정유동성 규모는 업종과 운영방침에 따라 다르지만 제조업의 경우 일반적으로 1회전 운전자본을 뜻한다. 여기서 운전자본은 회사의 활동 중 운영활동을 위하여 투자되는 운영자금을 지칭한다. 운전자(본)금은 영업활동을 수행하기 위하여 필요한 돈으로 투자활동을 수행하는 설비자금과 구분한다. 적정유동성을 계산하기 위해 운전자본소요기간(현금회수기간)을 계산하고 제조기업에서 일반적으로 적정유동성으로 사용되는 1회전 운전자본을 계산한다.

① 현금회수기간(운전자본소요기간)

재고자산을 보유함으로써 자금이 묶여 있는 기간(자금구속기간)을 재고자산보유기간이라 한다. 재고자산이 외상으로 매출되었다면 이후에도 현금으로 회수될 때까지의 기간인 매출채권회수기간 동안에도 자금이 묶여 있게 된다. 이와는 반대로 재고자산의 외상구입은 본래는 자금이 필요한 경우였지만 신용에 의해 일정기간 자금의 지출이 연기된 것이므로 자금을 사용한 효과가 발생했다는 의미로 자금사용기간이라 할 수 있다. 따라서 현금회수기간(1회전 운전자본 소요기간)은 다음과 같이 계산한다.

현금회수기간	=재고자산보유기간	+매출채권회수기간	−매입채무지급기간
(1회전 운전자본 소요기간)	(재고자산회전일)	(매출채권회전일)	(매입채무회전일)

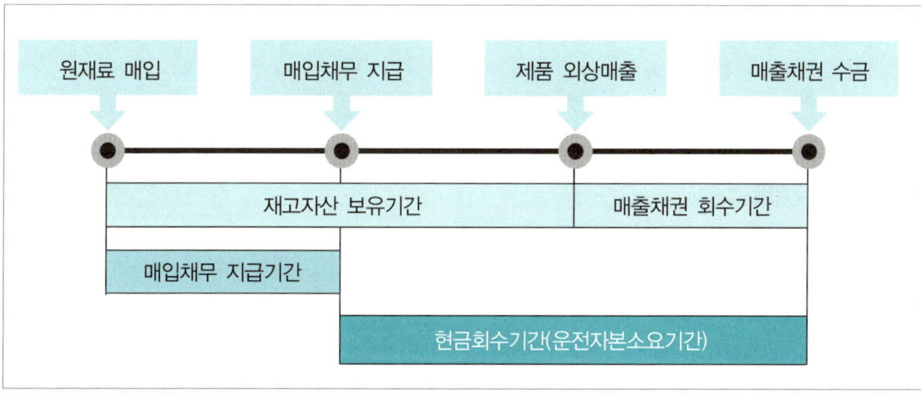

보충설명 ○ 재고자산회전일(재고자산보유기간)

재고자산회전율=연간 매출원가÷연평균 재고자산
재고자산회전일=365일÷재고자산회전율

※ 회전율을 계산하는 경우 일반적으로 매출액을 사용한다. 다만, 재고자산회전율을 계산하는 경우에 재고자산이 원가로 표시되기 때문에 재고자산과 같은 기준을 적용하여야 한다. 이를 위해 재고자산회전율은 매출액 대신에 매출원가를 사용한다.

예제

다음 자료에 의하여 재고자산회전일(재고자산보유기간)을 계산하시오.

기초재고자산	100원
당기(순)매입액	1,200원
기말재고자산	300원
(순)매출액	1,300원

| 풀이 |

1. 연간 매출원가 계산
   기초재고자산 100원+당기순매입액 1,200원−기말재고자산 300원=매출원가 1,000원
2. 연평균 재고자산
   (기초재고자산 100원+기말재고자산 300원)÷2=연평균 재고자산 200원
3. 재고자산회전율 계산
   연간 매출원가 1,000원÷연평균 재고자산 200원=재고자산회전율 5회전
4. 재고자산회전일 계산
   365일÷재고자산회전율 5회전=재고자산회전일 73일

보충설명 ∘ 매출채권회전일(매출채권회수기간)

매출채권회전율=연간 외상매출액(연간 매출채권 누적액)÷연평균 매출채권잔액
매출채권회전일=365일÷매출채권회전율

※ 매출채권잔액은 차감적평가계정인 대손충당금잔액을 차감한 금액으로 한다.

예제

다음 자료에 의하여 매출채권회전일(매출채권회수기간)을 계산하시오.

1년간 현금매출액	1,000원
1년간 외상매출액	1,500원
(매출채권 누적액임)	
매출채권의 기초잔액	120원
매출채권의 기말잔액	180원

| 풀이 |

1. 연평균 매출채권잔액 계산
   (매출채권의 기초잔액 120원+매출채권의 기말잔액 180원)÷2=연평균 매출채권잔

액 150원

2. 매출채권회전율 계산
   1년간 외상매출액 1,500원÷연평균 매출채권잔액 150원=매출채권회전율 10회전
3. 매출채권회전일 계산
   365일÷매출채권회전율 10회전=37일

보충설명 ∘ 매입채무회전일(매입채무지급기간)

매입채무회전율=연간 매출원가÷연평균 매입채무잔액
매입채무회전일=365일÷매입채무회전율

※ 회전율을 계산하는 경우 일반적으로 매출액을 사용한다. 다만, 매입채무회전율에는 매입채무가 원가로 표시되기 때문에 매출도 원가로 표시하여 같은 기준을 적용하여야 한다. 이를 위해 매입채무회전율은 매출액 대신에 매출원가를 사용한다.

예제

다음 자료에 의하여 매입채무회전일(매입채무지급기간)을 계산하시오.

기초재고자산	200원
당기(순)매입액	1,300원
기말재고자산	300원
(순)매출액	1,800원
매입채무의 기초잔액	230원
매입채무의 기말잔액	370원

| 풀이 |

1. 연간 매출원가 계산
   기초재고자산 200원+당기순매입액 1,300원−기말재고자산 300원=매출원가 1,200원
2. 연평균 매입채무 계산
   (매입채무의 기초잔액 230원+매입채무의 기말잔액 370원)÷2=연평균 매입채무잔액 300원
3. 매입채무회전율 계산
   연간 매출원가 1,200원÷연평균 매입채무잔액 300원=매입채무회전율 4회전
4. 매입채무회전일 계산
   365일÷매입채무회전율 4회전=91일

② 1회전 운전자본(적정유동성) 계산

1회전 운전자본은 일반적으로 1회전 운전자본 소요기간(현금회수기간)에 필요로 하는 운영자금의 규모를 의미하고 다음과 같이 계산한다.

> 1일평균 매출액=연간 매출액÷365일
> 현금회수기간(운전자본소요기간)=재고자산회전일+매출채권회전일−매입채무회전일
> 1회전 운전자본=1일평균 매출액×현금회수기간(일)

예제

다음 자료에 의하여 적정유동성(1회전 운전자본)을 계산하시오.

연간 매출액	1,800원
재고자산회전일(재고자산보유기간)	73일
매출채권회전일(매출채권회수기간)	37일
매입채무회전일(매입채무지급기간)	91일

| 풀이 |

1. 1일평균 매출액 계산
   (연간 매출액 1,800원÷365일)=1일평균 매출액 5원
2. 현금회수기간(운전자본소요기간) 계산
   재고자산회전일 73일+매출채권회전일 37일−매입채무회전일 91일=현금회수기간 19일
3. 적정유동성(1회전 운전자본) 계산
   1일평균 매출액 5원×현금회수기간 19일=적정유동성(1회전 운전자본) 95원

3) 적정유동성 관리방법

적정유동성을 유지하기 위해서는 적정유동성의 범위를 벗어나는 일시적인 여유자금에 대해서는 이를 안전성을 고려하여 금융기관에 예치하거나 유가증권 등에 투자를 통한 자금운용을 하여 적절한 수익을 발생시킨다. 반대로 적정유동성의 범위에 미달하는 부족자금은 금융기관 등을 통해 차입하거나 직접 유가증권 등을 발행하여 자금을 조달하여야 한다. 여유자금과 부족자금의 파악은 자금수지표(자금수지계획표)를 작성하여 파악한다.

재무상태표

[여유자금 운용]	[부족자금 조달]
단기금융상품	단기차입금
단기대여금	장기차입금
단기매매증권	사채
장기금융상품	자본금
·	·
·	·
·	·

⇩

적정유동성 확보

4) 자금의 조달

① 자금조달의 의의

자금조달이란 개념은 회사운용에 필요한 자금, 즉 자본을 조달하는 방법을 말하는 것으로 자기자(본)금의 조달, 타인 내지 차입자본의 조달방법으로 나눌 수 있다.

② 자금조달방법

자기자본의 조달은 증자형식을 취하는 것이 일반적이며, 차입자본조달은 외상매입금, 미지급금, 미지급비용의 이용 등과 같은 단기적 자금조달과, 금융기관으로부터의 장기차입 등으로 나누어진다. 시설투자나 운영자금이 필요할 경우 자금조달계획을 세우고 내부유보된 자금이나 아니면 금융기관을 이용하여 자금을 조달하는 경우가 대부분이다.

A. 타인자본

타인자본(부채)은 기업이 주주 이외의 외부인에 대해 지고 있는 채무를 말한다. 타인자본은 차입금뿐만 아니라 매입처인 외부인으로부터 현금결제를 일정기간 유예를 받은 형태로 자금을 조달하고 있는 외상매입금이나 지급어음도 포함된다. 부채는 변제 또는 결제기한이 있으며 그 기한까지는 채권자에게 변제하여야 한다.

B. 자기자본

자기자본은 자본금, 법정준비금, 잉여금(사내유보)을 포함하여 주주에게 귀속되는 지분 모두를 말한다. 일단 조달된 자기자본은 기업이 존재하는 한 원칙적으로 변제되는 일은 없다. 기업이 도산한 경우에는 부채의 변제가 우선된다. 또 주주에게 배당이라는 형태의 이익 환원이 이루어지지만 부채의 대가인 금리에 비해서 배당액은 기업 업적에 따라서 탄력적으로 결정할 수 있는 장점이 있다.

C. 희석자본

회사채 가운데는 부채의 본래 성격을 가진 보통 회사채와 잠재적으로 자기자본의 성격도 동시에 가지고 있는 전환사채나 신주인수권부사채가 있다.

전환사채는 장래 회사채 상환 대신에 일정한 수의 회사채를 발행한 기업의 주식을 수취할 수 있는 권리(전환채)를 부여받은 회사채이다.

신주인수권부사채는 회사가 장래에 발행할 주식을 일정가격으로 구입할 수 있는 권리(신주인수권)를 부여한 회사채이다. 회사채는 전환권이나 인수권을 투자자에게 부여하는 대신에 회사채 부분의 금리가 보통 회사채보다 낮다.

자본(자금)의 조달방법과 성격

<table>
<tr><th>구분</th><th>금융방식</th><th>조달방법</th><th>자금의 성격</th><th>상환 여부</th></tr>
<tr><td rowspan="4">타인자본
(부채)</td><td>–</td><td>지급채무(매입채무 등)</td><td rowspan="2">단기성 자금</td><td rowspan="4">상환</td></tr>
<tr><td rowspan="2">간접금융</td><td>단기차입금</td></tr>
<tr><td>장기차입금</td><td rowspan="4">장기성 자금</td></tr>
<tr><td rowspan="3">직접금융</td><td>회사채</td></tr>
<tr><td rowspan="2">자기자본
(자본)</td><td>주식</td><td rowspan="2">상환 불필요</td></tr>
<tr><td>사내유보(잉여금)</td></tr>
</table>

보충설명

• 순운전자본

유동자산에서 유동부채를 차감한 잔액으로 일상적인 영업활동에 필요한 자금을 말하며, 단기부채를 지급하기 위해 단기자산의 여력이 얼마나 되는가를 판단하는 지표로 활용된다.

• 자본

사전적 의미는 장사나 사업을 하는 데 기본이 되는 돈을 뜻하고, 회계에서는 자산에서 부채를 차감한 잔액을 뜻한다.

• 금융

금전을 융통하는 일, 특히 이자를 붙여서 자금을 빌려 주고 빌려 받는 일과 그 수급관계를 뜻한다.

- 간접금융과 직접금융

  금융시장에서 자금공급자로부터 자금수요자에게로 자금을 공급하는 방법에는 크게 직접금융과 간접금융이 있다. 직접금융은 자금수요자가 자금공급자로부터 직접적으로 자금을 조달하는 방법으로 기업이 주식이나 회사채를 신규 발행한 뒤, 증권시장을 통하여 개인이나 기관투자자에게 판매함으로써 자금을 조달하는 금융방식이다.

  반면 간접금융은 자금공급자와 자금수요자 사이에 금융기관이 개입되어 자금의 흐름을 매개하는 방법이다. 즉 금융기관은 경제주체들로부터 예금 형식 등으로 자금을 모아 기업에게 대출 등 형식으로 공급해 준다. 이 경우 기업은 금융기관과 대차약정을 맺어 자금을 차입한다. 이와 같이 기업은 증권시장(주식시장이나 채권시장)을 통해 자금공급자의 자금을 직접 조달하기도 하고 금융기관으로부터 자금을 대출받기도 한다.

- 내부금융과 외부금융

  기업의 소요자금을 기업 내부에서 조달하느냐 외부에서 조달하느냐에 따라 내부금융과 외부금융으로 나눈다. 즉 기업의 외부에서 자금을 조달하면 외부금융이라 하며, 기업 내부의 적립·유보로 자금을 조달하면 내부금융(자기금융)이라 한다.

- 운전자금대출과 시설자금대출

  운전자금대출은 기업이 판매관리비 등과 같이 생산활동이나 판매활동 등에 소요되는 자금을 조달하는 경우 사용할 수 있는 대출이다. 자금용도의 성격상 운전자금대출의 대출기간은 보통 1년 이내로 취급되는 경우가 많다.

  시설자금대출은 기업이 공장건물(창고포함) 신·증축, 공장매입, 기계류 등 각종 설비 구입 및 설치, 업무용 건물 신·증축 및 매입, 임대사업자의 시설물 보수 및 리노베이션 등의 자금을 조달하기 위한 대출이다.

| 실무상식 |

■ 금융기관을 통한 자금조달(대출) 절차와 필요서류(금융기관마다 다소 차이 있음)

• 대출절차

부동산담보대출

대출상담 › 차용신청서 및 서류제출 › 신용조사 › 담보물감정(시가조사) › 대출가부결정(본부승인) › 대출약정 및 실행

신용보중서 담보대출

대출상담 › 차용신청서 및 서류제출 › 신용보증기관과 보증상담 › 신용조사 › 보증서 담보취득 › 대출약정 및 실행

신용대출

대출상담 › 차용신청서 및 서류제출 › 신용조사 대출약정 및 실행

• 제출서류

구분	서류
공통서류	인감증명원
	사업자등록증사본(최초 거래 시)
	법인등기부등본 및 정관사본(법인의 경우)
할인어음	세금계산서
	어음관련인 사업자등록증 사본
시설자금	건축허가서(건물자금)
	공사도급계약서(건물자금)
	물품공급(매매)계약서(기계자금)
	시공자 사업자등록증사본
부동산 담보제공	부동산등기부등본(대지, 건물)
	도시계획사실관계확인원(아파트 제외)
	기계, 기구목록 및 배치도(공장저당)
연대보증	기타보증인자격 확인서류
신용조사	신용조사자료
	결산재무제표 및 부속명세표
	기타 필요한 서류

• LTV와 DTI비율

담보를 제공하고 대출을 실행할 때 자주 등장하는 용어 중 LTV와 DTI가 있다. LTV(Lone To Value Ratio, 담보인정비율)는 금융기관이 건물이나 주택 등을 담보로 잡고 대출할 때 주택가격에 대한 대출액의 비율을 말한다.

LTV(Lone To Value Ratio, 담보인정비율)=대출액÷건물 등 담보평가액(시가)

계산사례

대출액이 1,000원이고 담보로 제공할 건물의 시가가 2,000원일 경우 LTV(Lone To Value Ratio, 담보인정비율)를 계산하시오.

| 풀이 |

대출액 1,000원÷건물 시가 2,000원=LTV(담보인정비율) 50%

DTI(Debt To Income Ratio, 총부채상환비율)는 총소득 중 연간 대출원금과 이자의 상환액이 차지하는 비율을 말한다.

DTI(Debt To Income Ratio, 총부채상환비율)
=연간 대출원금과 이자상환액÷연간 총소득액

계산사례

연간 대출원리금 상환액 400원, 연간 총소득액이 5,000원일 경우 DTI(Debt To Income Ratio, 총부채상환비율)를 계산하시오.

| 풀이 |

연간 대출원리금 상환액 400원÷연간 총소득액 5,000원=DTI(총부채상환비율) 8%

• 신용등급

금융기관에 대출을 신청하면 신청자의 신용도를 평가하고 신용등급에 따라 대출신청의 승인 여부와 금리가 정해진다. 따라서 갑작스런 자금부족에 대비하기 위해 평소 좋은 신용등급을 유지하기 위해 노력할 필요가 있다. 구체적으로 주거래은행을 정해놓고 각종 거래를 집중하고 신용거래 시 연체가 없는 실적을 쌓는 것이 필요하다.

5) 자금의 운용

기업의 여유자금을 효과적으로 운용하기 위해서는 운용이 가능한 금액과 기간을 정확하게 파악하는 것이 먼저 선행되어야 한다. 단기금융상품보다는 장기금융상품에 투자하는 것이 수익률이 높다는 것 때문에 무리해서 장기간 자금이 묶이는 곳에 투자하면 유동성 부족이라는 곤란한 상황에 직면할 수 있다. 따라서 자금관리의 최우선 목표는 적정유동성 확보가 되어야 한다. 이를 위해 여유자금을 보수적으로 파악해서 안전성과 환금성이 높은 곳에 투자하였다가 기업의 영업활동, 투자활동, 재무활동의 자금수요에 대비하여야 한다.

(3) 자금수지 관리

1) 자금수지 관리

자금수지를 관리한다는 것은 자금의 수입과 지출을 관리・통제하여 적정 현금유동성을 확보해 나가는 것을 의미한다. 즉 자금부족 상태를 미리 방지하여 기업의 활동이 부도 등으로 중단되거나 위축되지 않도록 하는 것이다. 이를 위해 자금을 담당하는 직원은 자금수지를 관리하는 자금수지표를 작성한다.

2) 자금(수지) 계획

일정기간의 현금 등 자금이 어디에 지출되며 어디에서 수입되는지를 계획하는 것을 말한다. 이를 위해 이익계획에 기초하여 자금의 수입을 원천별로 예측하며 지출을 사용용도별로 분석한다. 이러한 분석을 위해 자금수지표를 작성한다. 자금수지표(자금계획표, 자금수지계획표)는 일, 주, 월, 분기, 반기, 연 등의 기간단위로 나누어 기업의 특성과 규모에 따라 다양하게 작성한다.

3) 단기자금수지계획표 작성

단기자금수지계획은 단기자금수지계획표의 작성을 통해 수립한다. 단기자금수지계획표는 3개월 이내의 자금수지를 일자별로 예측한다. 즉 단기간의 자금의 수입과 지출을 예측하여 여유자금의 운용과 부족자금 조달을 통해 적정자금을 유지하는 계획을 나타낸 표이다.

예제

다음 자료에 의하여 단기자금수지계획표를 작성하시오.

(1) 1월 2일의 직전 영업일인 전년 12월 31일의 현금및현금성자산 잔액은 1,000원이다. 1월 4일부터 1월 29일까지는 일시 휴업예정으로 자금변동이 없다고 가정한다.

(2) 자금수입 예정자료

① 1/ 2 대여금에서 발생한 이자 50원을 받기로 하다.

② 1/ 3 B상품 매출 320원을 매출하고 120원은 현금, 나머지는 어음으로 받기로 하다.

③ 1/ 3 대한은행에서 2년 만기 정기적금 100원이 만기될 예정이다.

④ 1/31 매출처 경성상사로부터 외상매출금 240원을 당좌예금계좌로 회수할 예정이다.

(3) 자금지출 예정자료

① 1/ 2 원재료 300원을 구입하고 보통예금계좌에서 지급할 예정이라는 지출품의가 있었다.

② 1/ 3 장기차입금 상환일이 되어 80원을 당좌수표를 발행하여 상환할 예정이다.

③ 1/30 직원의 급여 180원을 현금으로 지급할 예정이다.

④ 1/31 정기적금 매달 납입예정일로 납입금 70원이 보통예금에서 자동이체될 예정이다.

| 풀이 |

단기자금수지계획표

구분			1/2	1/3			1/30	1/31
현금및현금성자산 전일잔액			1,000	750			890	710
수입	영업수익	A상품 매출						
		B상품 매출		120				
		기타 영업수입						
	영업외수익	이자수입	50					
		배당금수입						
		기타 영업외수익						
	기타	예 · 적금만기		100				
		자산회수						240
		차입조달						
수입총계(A)			50	220				240

지출	영업지출	원재료구입	300					
		인건비					180	
		기타						
	영업외지출	이자지급						
		가타금융비용지급						
		기타						
	기타	예 · 적금납입						70
		자산 투자 · 구입						
		차입금상환		80				
지출총계(B)			300	80			180	70
순자금변동(A−B)			−250	140			−180	170
현금및현금성자산 당일잔액			750	890			710	880
회전차입금(당좌차월) 등								
회전차입금포함 자금잔액			750	890			710	880

(4) 일일자금수지표와 자금일보 작성

1) 일일자금수지표

자금수지표 중 가장 기본이 되는 일일자금수지표(일일자금수지계획표)와 자금일보(일일자금수지실적표)는 매일 은행의 영업시간이 종료된 후 입·출금 증빙서류 등을 참고하여 작성하고 결재를 받는다. 일일자금수지계획표는 다음 날의 자금수지계획을 예상해 작성하는 보고서로서 그 양식이 일일자금수지실적표(자금일보)와 같다. 따라서 실무에서는 은행의 영업시간 종료 후 당일의 자금일보(일일자금수지실적표)와 다음 날 일일자금수지계획표를 함께 작성하여 결재를 받는다.

2) 자금일보(현금(예금)수입일보) 작성

자금일보(현금(예금)수입일보)는 일일자금수지(실적)표를 의미하고, 다음과 같은 방법으로 작성한다.

| 작성방법 |

- 적절한 항목(계정과목)별로 구분하여 전일잔액, 수입액, 지급액, 그리고 자금의 금일 잔액이 표시되도록 한다(금일잔액=전일잔액+입금−출금).
- 특히 현금보유액과 요구불예금 그리고 현금성자산에 대해서 가용자금으로 구분하여 기록하고 관리한다.
- 투자자산으로 분류되는 저축성예금 등은 변동이 없더라도 참고항목으로 표시한다.
- 투자자산 이외의 차입금 현황이나 매출채권과 매입채무 현황도 양식에 참고항목으로 표시하도록 할 수 있다.

예제

다음 자료에 의하여 자금일보(현금예금일보, 자금수지실적표)를 작성하시오.

(1) 현금및현금성자산의 증감자료(7월 8일)

① 현금: 영문구로부터 볼펜을 구입하고 1,000원을 지급하다.
② 국민은행 보통예금: (주)일호상사로부터 C상품 판매대행수수료 1,500원이 국민은행 보통예금계좌에 입금되다.
③ 신한은행 보통예금: ㈜한성상사로부터 A상품 계약금 7,500원이 신한은행 보통예금계좌에 입금되다.
④ 신한은행 보통예금: 홍길동외 직원 급여로 15,000원이 지급되다.
⑤ 신한은행 보통예금: 정기적금 7월분 500원이 대체지급되다.
⑥ 기업은행 당좌예금: 영성상사로부터 B상품 외상대금 17,000원이 기업은행 당좌계좌에 입금되다.
⑦ 기업은행 당좌예금: ㈜산동으로부터 B상품 원재료 12,000원을 구입하고 수표를 발행하여 지급하다.

(2) 현금, 예금 및 금융투자상품 전일(7월 7일) 잔액

자금일보에 기록되는 현금, 예금 및 금융투자상품의 7월 7일(전일) 잔액은 다음과 같다.

구분		전일잔액
현금및현금성자산	현금(원화)	24,000
	국민은행 보통예금	12,000
	신한은행 보통예금	36,000
	기업은행 당좌예금	59,000
단기금융상품	국민은행 정기예금	5,000
장기금융상품	기업은행 정기예금	7,000
장기금융상품	신한은행 정기적금	2,500

| 풀이 |

자금(현금예금)일보

201×년 7월 8일

담당	팀장	이사	대표이사

자금(현금예금)현황

구분		전일잔액	입금	출금	금일잔액
현금	원화	24,000		1,000	23,000
보통예금	국민은행	12,000	1,500		13,500
보통예금	신한은행	36,000	7,500	15,500	28,000
당좌예금	기업은행	59,000	17,000	12,000	64,000
현금및현금성자산(합계)		131,000	26,000	28,500	128,500

자금(현금예금)의 증가

계정과목	적요	거래처명	금액
수수료수익	C상품 판매대행 수수료	㈜일호	1,500
선수금	A상품 계약금 수금	㈜한성	7,500
외상매출금	B상품 외상대금 수금	영성상사	17,000

자금(현금예금)의 감소

계정과목	적요	거래처명	금액
소모품비	볼펜구입	영문구	1,000
급여	직원급여 지급	직원 홍길동외	15,000
원재료	B상품 원재료 구입	㈜산동	12,000
장기금융상품	7월분 적금 납입	신한은행	500

금융상품 투자현황

구분		전일잔액	투자	회수	금일잔액
단기금융상품	국민은행 정기예금	5,000	–	–	5,000
장기금융상품	기업은행 정기예금	7,000	–	–	7,000
장기금융상품	신한은행 정기적금	2,500	500		3,000

(5) 금융기관 입금

1) 입금 시 기본적 확인사항

실제 입금액과 은행통장(또는 전자통장)상의 입금액과 잔액이 일치하는지 확인하고 불일치 시 은행측에 즉시 수정요구를 한다.

2) 수표와 어음 입금 시 확인사항

① 수표·어음이 지급제시기간 내에 제시되는 것인지 확인한다. 지급제시기간 내에 수표·어음이 제시되지 않을 경우에 소구권을 상실한다.

② 선일자 수표인지를 확인한다. 당사자 간 합의 위반에 해당하여 손해배상 문제가 발생할 수 있다.

③ 수표·어음 요건을 구비했는지를 확인한다.

④ 횡선수표 여부를 확인하여 해당 거래은행에 입금한다.

보충설명

• 소구권

어음이나 수표의 부도 시(지급이 거절됐을 경우) 배서인 또는 발행인 등에게 변상을 청구할 수 있는 권리를 말한다.

• 선일자수표

수표상의 발행일자를 실제 발행일자보다 나중에 일자로 하는 수표를 말한다.

• 횡선수표

도난, 분실 등으로 인한 위험을 방지하기 위해 수표 앞면에 두 줄의 평행선을 그은 수표로서 은행으로부터 수표대금을 받을 수 있는 자를 제한한다. 횡선수표는 일반횡선수표와 특정횡선수표로 구분할 수 있다.

- **일반횡선수표**
  두 줄의 평행선 내에 아무런 지정을 하지 아니하거나 '은행'만을 기재한 횡선수표를 말한다.
- **특정횡선수표**
  두 줄의 평행선 내에 특정 은행의 명칭을 기재한 수표를 말한다.

직무능력평가 1-1

1. 다음 자료에 의하여 적정유동성(1회전 운전자본)을 계산하시오.

연간 매출액	2,600원
재고자산회전일(재고자산보유기간)	73일
매출채권회전일(매출채권회수기간)	97일
매입채무회전일(매입채무지급기간)	31일

| 풀이 |

• 1일평균 매출액 계산

• 현금회수기간(운전자본소요기간) 계산

• 적정유동성(1회전 운전자본) 계산

2. 다음 자료에 의하여 단기자금수지계획표를 작성하시오.

(1) 2월 1일의 직전 영업일인 전년 1월 31일의 현금및현금성자산 잔액은 2,000원이다. 2월 3일부터 2월 26일까지는 일시 휴업예정으로 자금변동이 없다고 가정한다.

(2) 자금수입 예정자료

① 2/ 1 A상품 매출 570원을 매출하고 480원은 현금, 나머지는 어음으로 받기로 하다.

② 2/27 서울은행에서 3년 만기 정기예금 200원이 만기될 예정이다.

③ 2/28 매출처 한양상사로부터 외상매출금 380원을 당좌예금계좌로 회수할 예정이다.

④ 2/28 대여금에서 발생한 이자 70원을 받기로 하다.

(3) 자금지출 예정자료

① 2/ 1 장기차입금 상환일이 되어 120원을 당좌수표를 발행하여 상환할 예정이다.

② 2/ 2 정기적금 매달 납입예정일로 납입금 80원이 보통예금에서 자동이체될 예정이다.

③ 2/27 컴퓨터 170원을 구입하고 보통예금계좌에서 지급할 예정이라는 지출품의가 있었다.

④ 2/28 직원의 급여 230원을 현금으로 지급할 예정이다.

| 풀이 |

단기자금수지계획표

구분			2/1	2/2			2/27	2/28
현금및현금성자산 전일잔액								
수입	영업수익	A상품 매출						
		B상품 매출						
		기타 영업수입						
	영업외수익	이자수입						
		배당금수입						
		기타 영업외수익						
	기타	예·적금만기						
		자산회수						
		차입조달						
	수입총계(A)							
지출	영업지출	원재료구입						
		인건비						
		기타						
	영업외지출	이자지급						
		기타 금융비용지급						
		기타						
	기타	예·적금납입						
		자산 투자·구입						
		차입금상환						
	지출총계(B)							
순자금 변동(A-B)								
현금및현금성자산 당일잔액								
회전차입금(당좌차월) 등								
회전차입금 포함 자금잔액								

3. 다음 자료에 의하여 자금일보(현금예금일보, 자금수지실적표)를 작성하시오.

(1) 현금및현금성자산의 증감 자료(10월 10일)

① 현금: 동국문구로부터 복사지를 구입하고 2,000원을 지급하다.

② 우리은행 보통예금: (주)한중상사로부터 A상품 판매대행수수료 3,500원이 우리은행 보통예금계좌에 입금되다.

③ 하나은행 보통예금: ㈜성일상사로부터 B상품 계약금 9,500원이 하나은행 보통예금계좌에 입금되다.

④ 하나은행 보통예금: 김철수 외 직원 급여로 17,000원이 지급되다.

⑤ 하나은행 보통예금: 정기적금 10월분 1,000원이 대체지급되다.

⑥ 신한은행 당좌예금: 성내상사로부터 C상품 외상대금 19,000원이 신한은행 당좌계좌에 입금되다.

⑦ 신한은행 당좌예금: ㈜동일로부터 C상품 원재료 14,000원을 구입하고 수표를 발행하여 지급하다.

(2) 현금, 예금 및 금융투자상품 전일(10월 9일) 잔액

자금일보에 기록되는 현금, 예금 및 금융투자상품의 10월 9일(전일) 잔액은 다음과 같다.

구분		전일잔액
현금및현금성자산	현금(원화)	21,000
	우리은행 보통예금	9,000
	하나은행 보통예금	33,000
	신한은행 당좌예금	56,000
단기금융상품	우리은행 정기예금	2,000
장기금융상품	신한은행 정기예금	4,000
장기금융상품	하나은행 정기적금	6,000

| 풀이 |

자금(현금예금)일보

201×년 10월 10일

담당	팀장	이사	대표이사

자금(현금예금)현황

구분		전일잔액	입금	출금	금일잔액
현금	원화				
보통예금	우리은행				
보통예금	하나은행				
당좌예금	신한은행				
현금및현금성자산(합계)					

자금(현금예금)의 증가

계정과목	적요	거래처명	금액

자금(현금예금)의 감소

계정과목	적요	거래처명	금액

금융상품 투자현황

구분		전일잔액	투자	회수	금일잔액
단기금융상품	우리은행 정기예금				
장기금융상품	신한은행 정기예금				
장기금융상품	하나은행 정기적금				

4. 다음 (　　) 안에 알맞은 용어를 써 넣으시오.

① 기업에서의 자금관리란 자금의 수입과 지출을 기록·관리하고, 분석해서 자금계획을 수립하여 효율적으로 (　　　　)을 조달하고 (　　　　)을 운용하는 것이다.

② 수표·어음이 지급제시기간 내에 제시되는 것인지 확인한다. 지급제시기간 내에 수표·어음이 제시되지 않을 경우에 (　　　　)을 상실한다.

③ 도난, 분실 등으로 인한 위험을 방지하기 위해 수표 앞면에 두 줄의 평행선을 그은 수표로서 은행으로부터 수표대금을 받을 수 있는 자를 제한하는 수표를 (　　　　)라 한다.

| 풀이 |

① (　　　　), (　　　　) ② (　　　　), ③ (　　　　)

1.2 출금 시 증빙서류 적정성 여부 판단 수행준거

학습목표(수행준거)

회계관련 규정에 따라 출금 시 증빙서류의 적정성 여부를 판단할 수 있다.

(1) 출금의 규정과 순서

1) 출금의 규정

회사에서 현금 등의 자금을 지출할 때에는 책임소재를 분명히 하고 사고를 방지하기 위해 일정한 절차가 필요하다. 이를 위해 회사마다 특성에 맞춰 출납업무규정 또는 자금관리규정, 현금·예금관리규정 등의 다양한 형식의 규정을 두어 운영하는 것이 일반적이다.

2) 출금의 순서

① 각 부서는 지출품의서를 통해 자금지출의 필요성을 사전에 설명하고 승인받는다.

② 각 부서는 지출품의서를 통해 사전 승인받은 항목의 실제 자금지출 발생 시 지출결의서를 작성하고 회사규정에 따른 전결권자의 승인을 받는다.
③ 각 부서는 승인받은 지출결의서를 회계담당부서(자금집행부서)에 넘긴다.
④ 회계담당부서(자금집행부서)는 지출결의서에 따라 법정지출증빙을 수취하고 전표를 작성하여 자금지출 항목의 대금을 지급한다.

3) 지출품의서

① 지출품의서의 의의

지출품의서는 다양한 품의서 중 임금이나 대금 등 회사 비용의 지출에 관련하여 결재를 받기 위한 문서이다. 상황에 따라 여러 형태로 작성하여 사용할 수 있다. 지출품의서 작성이 필요한 경우로는 지출업무를 진행하기 위한 결재서류 작성, 접수한 문서를 처리하기 위한 경우, 상급자의 지시사항을 처리하기 위한 경우, 법령이나 각종 규정 등의 근거에 의하여 필요한 경우이다. 일반적인(통상적인) 소액자금의 지출은 사전에 통제가 가능한 예산제도가 있고 법인카드에 의해 자금의 지출이 이루어지는 경우는 지출품의서 작성을 생략할 수도 있다. 따라서 지출품의서가 가장 필요한 부서는 구매부서와 자금부서이다. 물품구입에 필요한 여러 가지 대안들을 검토하여 전결조항에 따라 승인을 받아야 하고, 금액도 소액의 통상적인 비용보다 훨씬 큰 액수이기 때문이다.

② 지출품의서 작성방법

지출품의서는 자금지출의 필요성을 명확히 하여 지출의 사전승인을 받고자 하는 내용으로 다음과 같이 작성한다.

① 지출품의서는 지급처별로 작성하는 것을 원칙으로 한다.
② 전체 지급금액, 사용목적, 지급처, 계정과목을 기록한다.
③ 세부지출내용(목적)과 금액을 기록한다.
④ 비고란은 세부지출내용(목적)의 예정일자 등을 기록한다.
⑤ 구매하고자 하는 물품의 비교견적서를 첨부하여 지출의 필요성과 지급내용을 명확히 한다.

예제

다음 견적서와 추가자료에 의하여 ㈜국민이 작성해야 할 지출품의서를 작성하시오.

견적서

NO.____________

공급자	사업자 등록번호	000-81-11111			일자: 201×년 4월 14일
	상호	(주)구리기계	성명	홍길동 (인)	
	사업장 소재지	서울시 강남구 강남동 강남빌딩 3층 300호			(주)국민 귀하
	업태	제조, 도·소매	종목	기계	
	연락처	Tel.02-00-0000, Fax.02-000-0001			아래와 같이 견적합니다.

프로젝트/공사명	A기계 수리
합계금액 (공급가액+세액)	일금 백칠십만원정(₩1,700,000)

품번	품명/규격	단위	수량	단가	공급가액	세액	비고
01	기계벨트 교체	SET	1	1,000,000	909,091	90,909	1,000,000
02	모터 수선	EA	1	500,000	454,545	45,455	500,000
03	볼트 교체	SET	1	200,000	181,818	18,182	200,000
	이하여백						

〈추가자료〉

1. 지출품의서 작성일은 201×년 4월 15일이다.
2. 지출품의서의 사용목적은 '1공장 A기계 수리'이다.
3. 지출품목은 201×년 5월 10일 수선예정이고 이를 지출품의서 '비고'란에 기록한다.

| 풀이 |

지출품의서

201×년 4월 15일

담당	팀장	이사	대표이사

지급금액	일금 백칠십만원(₩1,700,000)
사용목적	1공장 A기계 수리
지급처	(주)구리기계
계정과목	수선비/부가가치세대급금

아래와 같은 내용으로 지출품의서를 제출하오니 결재하여 주시기 바랍니다.

품번	내용	금액			비고
		합계	공급가액	부가가치세	
1	기계벨트 교체	1,000,000	909,091	90,909	201×.5.10 수선예정
2	모터 수선	500,000	454,545	45,455	201×.5.10 수선예정
3	볼트 교체	200,000	181,818	18,182	201×.5.10 수선예정

| 실무상식 |

- 회사나 개인사업자는 자금을 지출하기 전에 신중한 검토가 필요한 사항인 경우 금액기준과 항목기준을 설정해 놓는 것이 좋다. 나머지 사항은 사업용카드로 지출하면 된다.
- 거래가 많은 지출대상 기업의 경우 지급일자를 월 몇번으로 정해 놓는 것이 좋다. 이는 문서관리도 줄이면서 동시에 자금을 확보하는 목적도 있다.

4) 지출결의서

① 지출결의서의 의의

지출결의서(또는 지출대체결의서)는 회사에서 자금(비용)이 지출될 때 결정권자의 결재를 받기 위해 작성하거나 지출에 대한 내부통제용으로 사용하기 위해 작성하는 것이 일반적이다. 규모가 작은 회사는 모든 집행을 간단히 처리하므로 자금을 지출하기 전에 사전허가를 생략하는 경우가 있으나, 일정규모 이상의 회사는 지출결의서를 통해 자금지출에 대한 결재를 받고 자금집행의 결과로 지출일자, 지출금액, 관련증빙서류 등을 첨부하여 결과사항을 다시 결재를 받게 된다.

② 지출결의서와 지출(구매)품의서 차이점

지출결의서 전 단계인 지출(구매)품의서는 어떠한 물품을 구입하거나 지출해도 좋은지 승낙을 받는 문서이고, 지출결의서는 품의서에 의해 승낙을 받은 물품대금을 지급하겠다는 결의서이다. 즉 지출품의서(예상되는 지출에 대하여 승낙을 받는 절차)는 사전승인을 받는 것이고 지출결의서(실제 지출이 이루어지도록 하는 것)는 자금의 집행의 결과 및 회계처리를 나타내는 것이다. 따라서 지출결의서의 작성은 올바른 회계처리를 위한 기초자료임과 동시에 대표자나 경영진이 올바른 자금집행을 하기 위한 중요한 자료가 된다.

③ 지출결의서 작성방법

지출결의서의 서식은 회사마다 규정이 다르기 때문에 다소 차이가 있다. 그러나 기본적인 사항의 기록은 같다. 지출결의서와 전표가 혼용된 개량 지출결의서의 작성방법은 다음과 같다. 각종 경비 지출 후 해당결의서 앞 또는 뒷면에 영수증 등을 첨부해서 보관하는 것이 일반적이다. 아울러 통장의 지출내역도 첨부하여 정리하는 것이 좋다.

| 작성방법 |

- **결재**: 발의(자금집행)부서나 임직원이 자금지원을 요청하였을 때 이에 대한 자금이 적재적소에 지출될 것인지 여부를 판단하여 지출승인을 확인하는 란이라고 볼 수 있다. 즉 자금집행의 최종결정자인 경리책임자 및 임원이나 대표자가 자금결재 시

경리부서란에 경리책임자 '날인'이 되어 있는 것을 보고 해당자금이 적재적소에 쓰일 것이라는 객관적인 판단을 하는 것이다.

- **부서**: 자금을 사용하는 부서에서 부서장의 승인을 받아 지출승인을 회계팀(경리팀)에 요청할 때 작성하는 곳으로 부서란을 보면 어느 부서에서 누가 어느 용도로 자금을 요청하여 사용했는지 여부를 알 수 있다.
- **지출금액**: 자금을 지출한 내역을 한글로 적고 괄호 안에 숫자로 적는다.
- **제목**: 지출 및 대체되는 대표적인 거래내용을 기재한다.
- **내역**: 내역은 품목별로 적요와 금액, 비고로 나누어 기재한다. 내역의 합계는 지출금액과 일치하여야 한다.
- **적요**: 적요는 자금을 지출하려는 용도를 간단히 기술하는 곳이다. 예를 들어 영업부서에서 영업활동을 위한 차량구입 요청 시 동 차량이 왜 필요하고 구입가격이 얼마고 누가 운행하는지 여부를 기안하는 품의서나 기안서를 대신하여 자금지출 용도를 간략하게 기술하는 곳이다.
- **비고**: 지출결의서 내용에 대하여 참조할 사항이나 '특이사항'이 있는 경우 '비고'란에 기재함으로써 자금집행자가 올바른 판단을 할 수 있도록 특이사항을 기재하는 곳이다.

예제

다음 자료에 의하여 지출결의서와 (대체)전표를 작성하시오.

(1) 제1공장의 총무담당인 사원 김성실은 A기계의 고장으로 지난 4월 15일 다음과 같은 기계수선을 위한 지출품의서를 사전에 품의를 받아 놓은 후, 5월 2일 수선 후 지출품의서와 같은 내용의 전자세금계산서를 받아 경리담당 한국인에게 지출결의를 의뢰하다.

지출품의서

201×년 4월 15일

담당	팀장	이사	대표이사

지급금액	일금 백칠십만원(₩1,700,000)
사용목적	1공장 A기계 수리
지급처	(주)구리기계
계정과목	수선비/부가가치세대급금

아래와 같은 내용으로 지출품의서를 제출하오니 결재하여 주시기 바랍니다.

품번	내용	금액			비고
		합계	공급가액	부가가치세	
1	기계벨트 교체	1,000,000	909,091	90,909	201×.5.10 수선예정
2	모터 수선	500,000	454,545	45,455	201×.5.10 수선예정
3	볼트 교체	200,000	181,818	18,182	201×.5.10 수선예정

(2) 5월 23일 경리담당 한국인은 당사 ㈜경신의 국민은행 보통예금계좌 3692-2354-7510에서 (주)구리기계의 우리은행 보통예금계좌 1234-5678-0123으로 대체지급하기로 하고 지출결의서를 작성하여 결재를 받다.

(3) 5월 24일 지출결의서의 결재가 완료되어 지출(대체)을 하고 전표처리를 하다.

| 풀이 |

담당	팀장	이사	대표이사

지출결의서

부서	제1공장	직책	사원	성명	김성실
지출금액	일금 일백칠십만원(₩1,700,000)				
제목	A기계 수리		계정과목	수선비/부가가치세대급금	

내역	적요	금액			비고
		합계	공급가액	부가가치세	
	기계벨트 교체	1,000,000	909,091	90,909	
	모터 수선	500,000	454,545	45,455	
	볼트 교체	200,000	181,818	18,182	
	합계	1,700,000	1,545,454	154,546	5월 24일 지출예정

*입금계좌: 우리은행 1234-5678-0123(예금주: (주)구리기계)

위 금액을 청구하오니 결재바랍니다.(사전 지출품의서 뒷면 첨부)

201×년 5월 23일

보고인: 한국인

대체전표

No. -

201×년 5월 24일

검인		담당	

계정과목	차변	계정과목	대변
수선비	*1,545,454*	*보통예금*	*1,700,000*
부가가치세대급금	*154,546*		
합계	*1,700,000*	합계	*1,700,000*
적요	*A기계 수리(벨트, 모터, 볼트)*		

| 지출결의서 작성 시 유의사항 |

- 원칙적으로 사업자가 사업상 지출되는 경비에 대해서는 그 증빙을 반드시 수취·보관하고 있어야 하므로 일정금액 이상의 경비를 지출할 때에는 세금계산서 및 신용카드매출전표만이 그 정규증빙으로 인정된다.
- 일정금액 미만의 경비지출의 경우에도 원칙적으로 (간이)영수증을 수취하여야 한다. 단, 원칙적으로 영수증을 수취할 수 없는 경우에는 사용자를 기재하고 해당 부서장이 확인한 지출결의서를 꼭 작성하여야 한다.
- 물품대금을 선지급하거나 업무상 가지급금을 지급할 때 등 금전의 지출이 발생할 때는 관련 증빙서류와 함께 지출결의서를 첨부하여 증빙처리를 할 수 있다.
- 지출결의서는 비용 발생 시 회사내부 관리상 지출을 사전에 요청한다는 관리서류이다. 동시에 출금전표로 사용하는 회사도 있을 수 있는데, 지출결의서와 전표가 혼용된 지출결의서는 비용 지출 시 지출결의서 뒷면에 관련 증빙을 첨부하게 된다. 또한 지출결의서는 내부통제용이고 경리부서에서만 작성하는 것이 아니고 경리지식이 없는 타 부서 직원들도 작성할 수 있기 때문에 작성요령을 숙지하고 있어야 한다.
- 지출결의서에는 구매(지출)의 내용, 어느 부서에서 필요한 물품(지출)인지, 언제 대금이 지출되어야 하는지, 결제조건은 무엇인지, 손님 접대 시 어느 거래처 손님인지 등등 여부를 결재하는 상사나 대표자가 판단을 하기 위한 기초자료라고 보면 된다.

〈출납업무규정〉

총 칙

제1조 【목 적】

이 규정은 ○○주식회사(이하 '회사'라고 한다) 현금 및 어음과 수표 등의 지급과 관련된 제반사항의 처리지침으로 효율적인 출납업무를 관리하는 데 그 목적이 있다.

제2조 【출납책임자】

출납책임자는 자금팀장(부장)으로 출납담당자의 수납행위에 대하여 관리감독의 책임을 진다.

제3조 【출납담당자】

회사의 출납은 자금담당부서의 담당자를 지정하여 현금, 당좌예금, 예금 및 지급어음의 출납업무를 보며, 담당자는 출납의 책임을 진다.

제4조 【출납장소】

1. 회사의 출납은 본사의 자금부서 출납창구에 한정한다.
2. 회사의 출납취급구역에 출납담당자 및 책임자 이외의 출입이 금지된다.

제5조 【현금의 출납】

1. 현금출납은 타 규정에서 정한 이외에는 직접통화로 지급 시 100만원 이하를 원칙으로 한다.
2. 출납담당자는 출납과 동시 전표에 수납인을 날인하여야 한다.

제6조 【예금 등】

1. 당좌예금, 예금, 은행입금, 지급어음은 직접통화 외의 지급수단으로 사용한다.
2. 출납담당자와 책임자는 어음 및 수표책의 잔고를 파악하고 어음 및 수표관리대장을 기록·비치하며, 당일 사용된 어음 및 수표의 부본을 검사하여야 한다.

제7조 【출금 관리】

1. 출납담당자는 대금 지급 시 출금처 명의의 사용인감 도장이 날인된 입금표 또는 영수증을 징구하여 전표에 첨부한다.
2. 은행에서 출금해서 입금하는 경우 입금은행의 은행수납인이 날인된 입금표를 징구한다.

3. 개인한테 출금한 경우 영수증 또는 세금계산서를 징구한다.

제8조 【입금 관리】

1. 입금 시 입금표를 입금거래처에게 교부하고, 그 부본을 10년간 보관·비치한다.
2. 입금표는 출납담당부서에서만 발행·관리할 수 있으며, 매 입금표에는 연단위로 일련번호를 부여하여야 한다.
3. 입금표에는 취급자 서명날인이 있어야 하며, 내용란에는 입금내역을 기재하여야 한다.

제9조 【출납마감】

출납의 일일마감은 원칙적으로 회사업무 종료 1시간 전을 원칙으로 한다.

제10조 【출금금지】

출납담당자는 전표 없이 출금할 수 없다.

단, 외화예금 및 예금 등 차후 정식전표 발행이 불가피한 경우에는 관리대장으로 갈음할 수 있다.

제11조 【출납책임】

1. 출납담당자는 출납사고에 대한 일체의 책임을 지며 감독 책임순위는 담당자의 차상위자의 순으로 책임을 진다.
2. 출납사고가 발생하였을 경우 담당자는 책임자를 경유하여 부서장에게 보고하고 책임자는 그 원인을 규명하여 처리한다.

제12조 【출납수당】

회사는 출납담당자에게 업무의 위험성을 감안하여 일정액의 수당을 지급한다.

제13조 【출납 관련 관리】

1. 출납담당자는 일일마감 후 현금, 어음수표장, 은행거래용인감, 명판, 현금수납인 등을 금고 및 일정장소에 격납한후 책임자의 확인을 받는다.
2. 금고열쇠는 책임자가 담당자와 별도로 분리 보관하여야 한다.

부 칙

제1조 【시행일】

이 규정은 20×6년 5월 1일부터 시행한다.

〈현금 · 예금 관리규정〉

제1장 총 칙

제1조 【목 적】

이 규정은 ○○주식회사(이하 '회사'라고 한다)의 현금지급과 예금관리에 관한 규정으로 회사의 현금지급과 예금관리의 효율적인 운영과 통제에 필요한 사항을 정함을 목적으로 한다.

제2조 【적용범위】

이 규정은 본사와 각 지사 등 회사의 모든 지급과 예금에 적용한다.

제3조 【주관부서】

타 규정에서 정한 것을 제외한 이 규정의 모든 사항은 회계자금부서에서 주관하여 집행한다.

제2장 현 금

제4조 【지급원칙】

이 규정에서 규정한 모든 현금지급업무는 현금지급한도를 초과하는 건 중에서 현금으로 지급처리하고자 하는 경우에 이 규정의 적용을 원칙으로 한다.

제5조 【적용제외】

판매비와 일반관리비 중에서 급료 · 상여금 · 복리후생비 · 시장개척비 · 보증수리비 · 조세공과금 · 통신비 · 수도광열비 · 운반보관료 · 임차료 · 접대비 · 여비교통비 · 차량비 · 지급수수료 · 수선비 · 도서비 · 송무비 · 판매활동촉진비 및 통상 상거래상 현금거래가 이루어지는 것은 이 규정을 적용하지 않는다.

제6조 【지출승인】

현금지급 조건으로 현금을 지급해야 할 경우에 품의서에 현금지급조건인을 표시하고 지출품의서 품의부서장의 확인을 거쳐 승인권자의 승인을 받아야 한다.

제7조 【승인방법 및 효력】

지출원인행위에 대한 기본품의서 또는 추가품의서에 현금지급조건임을 명시한 경우에 현금지급이 가능하며 반복적이거나 통상적인 지출사항은 품의서 사본을 첨부한 전표의 결재로서 현금지출승인에 갈음한다.

제3장 예 금

제9조【예금계정】

예금계정이란 금융기관에 예치되어 있는 회사의 모든 예금으로 다음에 해당되는 계정을 말한다.

1. 당좌예금
2. 제예금
3. 장기성예금
4. 특정예금
5. 기타예금

제10조【계좌관리】

모든 예금 계좌를 신설 또는 폐지할 경우는 부서장은 재무담당임원의 승인을 받아야 한다.

제11조【사용인감관리】

모든 예금의 계좌 신설, 폐지, 운용 등에 사용하는 인감은 회사에서 거래은행에 등록한 인감만을 사용하여야 하며 다른 인감을 임의로 사용하지 않는다.

제12조【예금현황점검】

담당자는 매월 예금잔액명세서를 작성하여 자금팀장(부장)에게 보고하고 팀장(부장)은 재무담당임원에게 보고한다.

부 칙

제1조【시행일】

이 규정은 20×6년 5월 1일부터 시행한다.

【별지서식 제1호】 예금잔액명세서

〈현금회계규정〉

제1조 【목 적】

이 규정은 ○○주식회사(이하 '회사'라고 한다)의 금전의 출납 및 보관업무 등 현금회계 처리의 방법과 절차를 규정함으로써 회사의 효율적인 현금관리를 도모하고자 함을 목적으로 한다.

제2조 【금전출납책임자】

금전의 출납책임자는 본사에서는 자금팀장(부장)이, 지사에서는 지사장이 된다.

제3조 【금전출납청구책임자】

1. 각 회계단위에서 금전의 출납을 요구할 수 있는 자는 당해 금전출납이 따르는 업무를 담당하는 부서의 장(이하 '출납청구책임자'라 한다)으로 한다.
2. 출납청구책임자는 금전의 출납청구에 관한 일체의 책임을 진다.

제4조 【출납의 청구절차】

1. 출납의 청구는 출납사유가 발생할 때마다 출납청구책임자의 기명날인이 있는 출납청구전표를 출납책임자에게 송부하여야 한다.
2. 출납청구책임자는 출납을 청구함에 있어서 다음 각 호의 사항을 확인하여야 한다.
   1) 수납 및 지급이 정당한 절차를 거친 것인가
   2) 기안을 요구하는 사항의 지출일 경우는 품의 결재를 거친 것인가
3. 출납청구전표에는 다음 각 호의 사항이 명시되어야 한다.
   1) 수납 또는 지급금액
   2) 상대부서
   3) 수납 또는 지급사유, 내용
   4) 기타 필요한 사항

제5조 【출납절차】

1. 출납책임자는 출납에 있어서는 증빙서류, 청구서류, 승인서류 기타 필요서류의 지시를 요구하여 그 요건의 구비를 확인한 후에 이를 하여야 한다.
2. 출납담당부서에 있어서 금전을 출납하는 경우는 출납청구책임자에게서 송부를 받은 회계전표에 출납책임자가 확인한 후 서명을 한 경우에 출납을 하여야 한다.

3. 출납담당부서는 필요에 따라 출납청구의 회계전표에 지급내역서를 첨부하게 한다.
4. 출납책임자는 특히 필요한 경우에는 다른 회계단위의 금전출납책임자에게 금전의 회수 및 지급을 의뢰할 수 있다.

제6조 【영수증의 발행】

1. 금전의 출납에 있어서는 소정의 영수증을 발행한다.
2. 영수증의 발행은 출납책임자가 한다.
3. 영수증발행에 관한 절차는 별도로 정한 바에 따른다.

제7조 【금전영수인】

금전영수인의 날인 및 보관에 관한 절차는 인장관리규정이 정하는 바에 의한다.

제8조 【영수증 징수 및 정리】

1. 출납책임자가 지급을 하는 때에는 지급처에서 발행한 영수증과 상환하여 징수한다. 다만, 종합불입의 방법에 관한 약정이 있는 경우에는 지급을 할 때에 취급은행의 영수증으로써 지급처의 영수증으로 갈음할 수 있다.
2. 영수증은 다음의 부득이한 경우에 한하여 출납청구책임의 확인인이 있는 지급증명서로써 영수증으로 갈음할 수 있다.
   1) 지급과 상환으로 유가증권 등을 수령하고 영수증이 발행되지 아니한 경우
   2) 관행으로서 영수증을 청구하지 아니하는 경우
   3) 정리상 기타 출납책임자가 필요하다고 인정하는 경우
   4) 지급과 상환하여 영수증을 취급할 수 없는 경우에는 확인 후 사후정리를 하여 후일 신속하게 이를 수취하여야 한다.

제10조 【금전의 보관】

1. 출납책임자는 소관의 금전을 금고에 보관하여야 한다.
2. 약속어음, 영수증 부본의 취급은 제1항에 준하여 확실하게 보관하여야 한다.
3. 금고의 열쇠는 출납책임자가 관리한다.

제11조 【금전의 과부족의 처리】

1. 금전에 대하여 과부족이 생긴 때에는 출납책임자는 지체 없이 그 원인을 명확하게 하고 경리부서장의 지시를 받아 그 처치를 결정하여야 한다.
2. 부족분은 일단 현금과부족(가지급금)으로 하고 그 처리결정 후 회사부담의 경우는 손실로 사원부담의 경우는 미수금(미수입금)으로 정리한다.

3. 금전에 잉여가 생긴 때에는 이를 일단 현금과부족(가수금)으로 하고 처리결정 후 귀속할 해당과목에 정리한다.

제12조 【소액현금】

1. 출납책임자는 필요한 경우에는 소액자금으로 일정한 금액을 전도할 수 있다.
2. 소액지급액의 정산 및 차액의 보충은 매월말 또는 필요할 때마다 하되 소액현금은 매월말에는 반드시 정산하여야 한다.
3. 소액현금의 취급책임자는 지급할 때마다 반드시 영수증 또는 영수증으로 갈음될 책임자의 확인인 있는 증빙서를 수취한다.
4. 소액현금의 출납 및 잔액은 매일 확실하게 소액현금출납장부에 기장하여야 한다.
5. 소액현금의 보유한도, 취급부서 및 그 용도 등에 대하여는 따로 정한다.
6. 출납책임자는 소액출납대장의 확인 및 현금잔액을 수시로 대조하여야 한다.

제13조 【현금의 취급】

1. 현금의 취급은 엄정하고 신중하게 하여야 한다.
2. 출납책임자는 현금취급의 담당자로서 정부 각 1명을 두며 출납보관에 지장이 없도록 하여야 한다.

제14조 【현금출납의 기록과 잔액의 대조】

출납담당부서는 현금에 대하여 1일 지출 및 입금의 회계전표를 집계하고 그 장부잔액과 현금잔액과 대조하여 현금출납보고서에 기록하며 출납책임자는 이를 확인한다.

제15조 【현금의 보관 및 보유한도】

1. 현금은 가능한 한 은행에 예치하여 현재액을 적게 하여야 한다.
2. 부득이하여 소지하는 경우는 금고에 격납하고 일상에 쓰이는 소액의 현금만을 소형금고에 보관한다.

제16조 【수표의 수납절차】

1. 수표를 받은 때에는 현금수입에 준하여 수입절차를 원칙적으로 건별로 정리한다.
2. 수표를 받은 때에는 은행에 예입하거나 추심을 의뢰하고 회계전표에 예입은행명을 기록한다.

제17조【예금원장의 정리】

출납담당부서는 예금원장과 은행예금장 및 수표장의 부본을 대조하고 은행별, 예금잔액표를 작성한다.

제18조【예금잔액의 대조】

1. 출납담당부서는 언제든지 예금잔액을 판명할 수 있도록 예금원장정리를 하여 장부잔액과 예금처 잔액과의 대조를 태만히 하여서는 아니된다.

제19조【부도수표】

받은 수표가 부도된 경우에는 출납책임자는 즉시 출납청구책임자에게 연락하고 신속하게 당해수표를 회수하여 출납청구책임자에게 부도수표의 처리를 요구한다.

제20조【예금증서의 보관】

정기예금, 금전신탁 등의 증서 및 예금통장은 출납담당부서가 금고에 보관한다.

제21조【어음의 발행절차】

1. 어음의 발행은 부서장의 권한에 속하며 발행금액 및 시기의 결정은 경리부서장이 한다. 어음의 발행명의인은 사장명의로 한다.
2. 출납담당부서는 어음발행 후 지체없이 지급어음원장의 정리를 하여 어음발행 부본과 대조를 태만히 하여서는 아니된다.

제22조【받을어음의 수납절차】

1. 어음을 받을 때에는 출납담당부서는 당해어음의 요건을 구비하는지의 여부를 대사하고 다시 지급기일의 장단, 어음의 신용력, 융통력 등에 대하여 상당한 주의를 하여 고려하여야 한다.

제23조【어음의 추심】

출납담당부서는 수납한 어음은 원칙적으로 은행에 대하여 기일에 추심을 의뢰하고 입금을 확인하여 소요의 입금절차를 취한다.

제24조【어음의 할인절차】

1. 어음의 할인은 사장의 권한에 속하며 할인을 하는 금액 및 시기의 결정은 자금팀장(부장)이 한다.
2. 출납담당부서는 어음을 할인한 때에는 회계전표를 발행하고 할인어음원장에 정리한다.

제25조 【어음의 배서】

1. 출납담당부서에서 보관 중인 어음을 외상매입금 등의 지급에 충당하는 때에는 어음의 발행에 준하여 한다.
2. 어음의 배서는 회계전표를 발행하고 우발채무계정으로 처리한다.

제26조 【부도어음의 처리】

받을어음이 부도가 된 때에는 부도수표의 처리절차의 규정을 준용한다.

제27조 【유가증권의 보관】

주식, 공사채 등의 유가증권은 자금부서 소관금고에 보관하거나 은행에 보호예치로서 예탁하여야 한다.

제28조 【금융기관의 거래개시 및 해약】

은행, 기타 금융기관 등과 거래를 개시 또는 해약하는 경우에는 재무담당임원의 승인을 얻어야 한다.

제29조 【자금의 차입 및 변제】

1. 자금의 차입 및 변제는 사장의 승인을 얻어서 자금팀상(부상)이 담당한다.
2. 자금부서는 자금의 차입에 있어서는 자금의 소요액, 용도, 차입처, 차입시기, 이율, 변제기한 기타의 차입조건을 밝혀서 자금계획서를 작성하고 사장의 결재를 얻는다.
3. 자금의 차입은 어음의 발생 또는 증서의 발행으로써 하며 차입 및 개서 때마다 회계전표를 발행하며 차입금원장의 정리를 한다.

제30조 【사채의 발행】

1. 사채의 발행은 이사회의 결의에 의하여 자금팀장(부장)이 이를 담당한다.
2. 자금부서는 사채의 발행에 관하여 이사회의 결의가 있는 때에는 사채의 발행총액, 자금의 용도, 이율, 발행가격, 상환기한 기타의 발행조건을 명시한 서류 및 자금계획서를 첨부한다.
3. 자금팀(부서)은 사채발행 때마다 회계전표를 발행하고 사채원부를 조정한다.

제35조 【사채의 이자지급】

1. 자금팀(부서)은 이자지급기일 전에 사채이자지급기금을 대표수탁회사에 불입한다.
2. 이자지급 후 대표수탁회사로부터 송부를 받은 이자표 또는 등록사채의 이자지급금영수증에 의하여 자금팀(부서)은 이자지급기금을 정산하고 사채원부에

지급기장을 한다.

제36조 【사채의 상환】

사채의 상환을 한 때에는 자금팀(부서)은 대표수탁회사로부터 송부를 받은 사채권 또는 등록사의 수도증에 의하여 사채원부에 상환의 기장을 한다.

부 칙

제1조 【시행일】

이 규정은 20×6년 5월 1일부터 시행한다.

(2) 증빙서류의 의의와 종류

1) 증빙의 의의

증빙이란 해당 기업(사업자)이 다른 기업(사업자) 등과 거래를 할 때 거래에 대해 증명할 수 있는 서류를 말한다. 증빙은 세법에서 증빙으로 인정하는 법정지출증빙(적격증빙)과 인정하지 않는 비법정지출증빙(비적격증빙)이 있다. 법정지출증빙에는 세금계산서, 계산서, 신용카드매출전표, 현금영수증(사업자지출증빙용) 등이 있으며, 비법정지출증빙에는 거래명세서, 입금표, 지출결의서 등이 있다. (간이)영수증은 지출금액이 3만원 이하인 경우에는 법정지출증빙이 되지만, 3만원을 초과하는 경우에는 비법정지출증빙에 해당하게 된다. 법정지출증빙이 아니어도 장부에 기장은 할 수 있으나, 장부에 기록된 내용이 사실인지 여부가 확인되지 않으므로 원칙적으로 지출사실을 인정받을 수 없다. 다만, 복잡한 절차를 통해 다른 증빙으로 지출사실을 소명한 경우에는 비용 등으로는 인정되지만, 이 경우에도 매입세액 불공제, 가산세 등의 불이익은 발생한다.

2) 법정지출증빙(적격증빙)

① 법정지출증빙의 의의

법인과 개인사업소득자가 다른 사업자로부터 건당 거래금액이 3만원(접대비는 1만원)을 초과하는 재화 또는 용역을 공급받고 그 대가를 지급한 경우에는 법정지출증빙인 세금계산서(전자세금계산서 포함), 계산서, 신용카드매출전표, 현금영수증 등을 수취하여 5년간 보관하여야 한다.

② 세금계산서

사업자가 물건을 공급할(팔)때 공급받는자에게 부가가치세를 거래징수하고 부가가치세법에 따라 발행하는 영수증을 말한다. 세금계산서는 다음의 필요적 기재사항이 누락되거나 사실과 다른 경우에는 원칙적으로 세금계산서로서 효력이 인정되기 어렵다. 즉 매입세액공제를 받을 수가 없으며 가산세를 물어야 한다. 필요적 기재사항 이외의 기재사항인 공급품목, 단가와 수량, 거래의 종류 등의 임의적 기재사항은 세금계산서 효력에는 아무런 영향을 미치지 않는다.

〈세금계산서 필요적 기재사항〉

1. 공급하는 사업자의 등록번호, 성명 또는 명칭(상호, 법인명)
2. 공급받는자의 등록번호
3. 공급가액, 부가가치세액
4. 작성연월일

세금계산서	(공급받는자 보관용)	책번호	권	호
		일련번호		

구분	항목	내용	항목	내용
공급자	등록번호	333-12-45612		
공급자	상호(법인명)	㈜서울	성명	홍길동
공급자	사업장 주소	서울시 봉천동 729-24 우성캐릭터 그린빌 1216호		
공급자	업태	도매 서비스	종목	컴퓨터판매 및 프로그램개발 외
공급받는자	등록번호	123-45-67890		
공급받는자	상호(법인명)	㈜부산	성명	이순신 인
공급받는자	사업장 주소	부산시 동래구 수연동 41-6 삼문빌딩 4층		
공급받는자	업태	도매 서비스	종목	컴퓨터 판매

작성			공급가액														세액												비고
년	월	일	공란수	조	천	백	십	억	천	백	십	만	천	백	십	일	천	백	십	억	천	백	십	만	천	백	십	일	
04	11	1	7										9	0	9	1										9	0	9	

월	일	품목	규격	수량	단가	공급가액	세액	비고
11	1	잉크		1	10,000	9,091	909	

합계금액	현금	수표	어음	외상미수금	이 금액을 영수 함
10,000					

③ 전자세금계산서

세금계산서를 전자적인 방법으로 받는 전자세금계산서를 받기 위해서는 먼저 물건 구매할 때 판매자에게 전자세금계산서를 받을 메일주소를 알려주어야 한다. 전자세금계산서는 발송자가 국세청으로 되어 있다. 전자계산서의 수령은 다음과 같은 순서에 따라 처리한다.

1. 국세청(홈택스)에서 전자세금계산서 메일이 온 것을 확인한다.

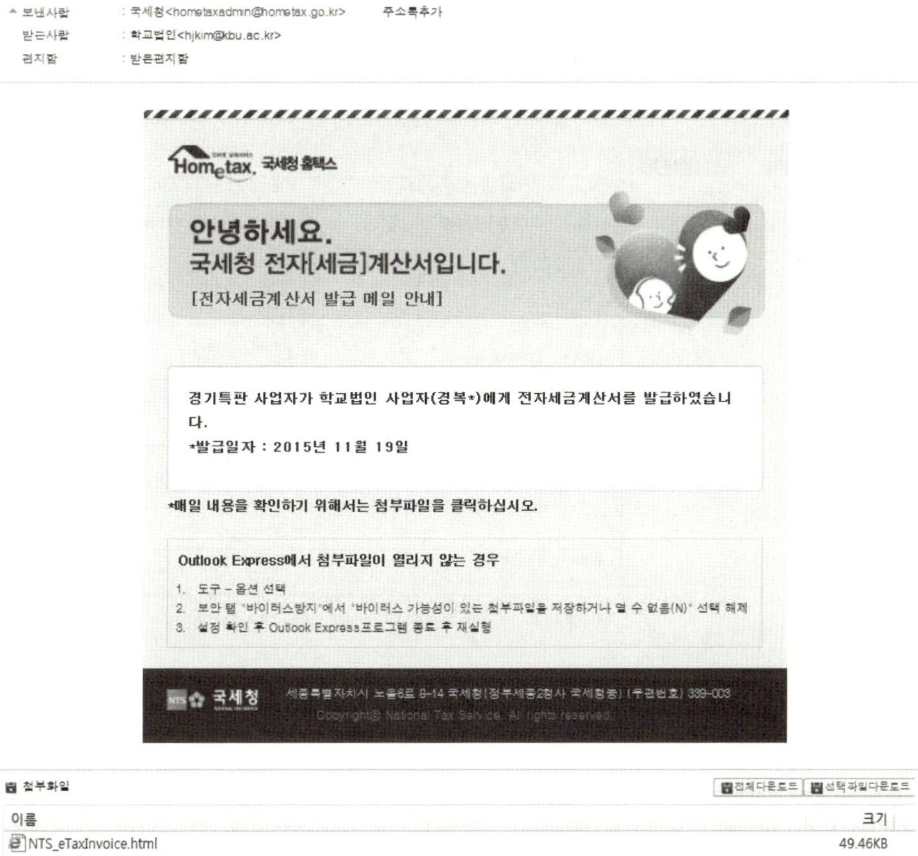

2. 첨부파일을 클릭하여 연다.

3. 새 인터넷창이 열리면서 등록된 사업자번호를 입력하라는 창이 뜬다.

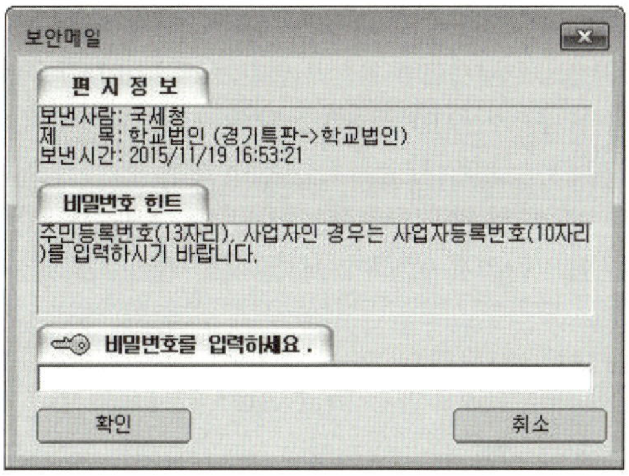

4. 등록된 사업자번호를 입력 후 [확인] 버튼을 클릭하여 전자세금계산서를 확인한다.
5. 전자세금계산서를 출력하기 위해서는 좌측 상단의 [인 쇄] 버튼을 클릭하여 출력한다.

[인 쇄] [첨부파일]

전자세금계산서				승인번호	20161119-10000000-54776041		
공급자 등록번호	132-09-41408	종사업장 번호		공급받는자 등록번호	127-82-05500	종사업장 번호	
상호(법인명)	경기특판	성명	김기현 외 4 명	상호(법인명)	학교법인	성명	경복대학교
사업장 주소	경기도 남양주시 오남읍 진건오남로 629, 116호(대웅상가)			사업장 주 소	경기도포천시신북면신평리131번지		
업태	도. 소매	종목	생수	업태	학교	종목	비영리
이메일	pwkt8844@naver.com			이메일	hjkim@kbu.ac.kr		
				이메일			

작성일자	공급가액	세액	수정사유
2016/11/19	30,000	3,000	
비고			

월	일	품목	규격	수량	단가	공급가액	세액	비고
11	19	생 물	18.9리터			30,000	3,000	

합계금액	현금	수표	어음	외상미수금	이 금액을 (청구) 함
33,000					

Hometax. 본 인쇄물은 국세청 홈택스(www.hometax.go.kr)에서 발급 또는 전송 입력된 전자(세금)계산서 입니다.
발급사실 확인은 상기 홈페이지의 "조회/발급>전자세금계산서>제3자 발급사실 조회"를 이용하시기 바랍니다.

보충설명

• 전자세금계산서의 의무발급

전자세금계산서는 공급자가 종이세금계산서 대신에 인터넷(홈텍스 사이트) 등 전자적인 방법에 의해 작성 · 발급하는 세금계산서를 말한다. 전자세금계산서는 그 발행내역을 국세청에 전송함으로써 종이세금계산서의 발행에 따른 납세협력비용을 절감하고 사업자 간 거래의 투명성을 제고하는 장점이 있다. 전자세금계산서의 의무발급자는 법인사업자와 직전연도의 사업장별 공급가액 3억원 이상인 개인사업자로서 이들은 의무적으로 전자세금계산서를 발급해야 하고 그 밖에 개인사업자는 선택에 의해 전자세금계산서를 발급할 수 있다.

• 매입자발행세금계산서

부가가치세법에 따르면 납세의무자로 등록한 사업자가 재화 또는 용역을 공급(판매)할 때 사업자등록번호 등을 명기한 세금계산서를 공급받는자(구매자)에게 교부토록 규정하고 있다. 이러한 규정에도 불구하고 제조 · 도매업자 등 세금계산서 발행대상 사업자가 재화 또는 용역을 공급한 후 세금계산서를 발급하지 않은 경우에, 공급받는자가 관할세무서장의 확인을 받아 발행하는 세금계산서를 말한다. 따라서 매입자발행세금계산서는 수기로만 발행할 수 있다.

• 역발행세금계산서

전자세금계산서 발행시 공급자(매출자)가 아닌 공급받는자(매입자)가 세금계산서를 작성하여 공급자에게 보내면 공급자가 확인하여 발행되는 세금계산서를 말한다.

| 실무상식 |

- 사업자로부터 재화나 용역을 공급받고 세금계산서(계산서)를 교부받는 경우에는 거래명세서와 송금영수증 등을 함께 보관하는 것이 좋다. 세금계산서(계산서)의 경우 실제 거래 없이 세금계산서가 수수되는 경우도 많아 과세관청에서 실제 거래인지 여부에 대한 입증자료를 요청하는 경우가 종종 있기 때문이다.
- 최근에는 전자세금계산서를 교부받는 경우가 많다. 이 경우에는 이를 굳이 출력하여 보관할 필요는 없으나 이 경우에도 거래명세서는 거래상대방으로부터 수취하여 보관하는 것이 좋다.
- 국세청의 승인을 받고 부가가치세가 별도표기하고 공급받는자가 표기된 지로영수증은 세금계산서로 동일하게 취급한다. 다만, 세금계산서를 미리 받고 지로영수증을 대금결제용으로만 사용한 경우에는 입금표에 해당한다.
- 국세청의 승인을 받고 부가가치세가 별도표기되고 공급받는자가 표기된 전기, 전화, 휴대폰, 정보통신이용료 등의 요금청구서는 세금계산서와 동일하게 취급한다.

④ 계산서

계산서는 면세사업자가 부가가치세세 과세대상이 아닌 품목(면세)에 대한 공급을 할 때 부가가치세 없이 공급가액만 기재되어 발행되어진 증빙이다. 계산서는 소득세나 법인세의 납세의무가 있는 사업자만이 교부할 수 있으며, 다음의 필요적 기재사항이 누락되거나 사실과 다른 경우에는 증빙불비가산세가 적용된다.

〈계산서 필요적 기재사항〉

1. 공급하는 사업자의 등록번호, 성명 또는 명칭(상호, 법인명)
2. 공급받는자의 등록번호※와 성명 또는 명칭
3. 공급가액
4. 작성연월일

※ 공급받는자가 사업자가 아니거나 등록한 사업자가 아닌 경우에는 고유번호 또는 주민등록번호

<table>
<tr><td colspan="8">계 산 서 (공급자보관용)</td><td>책 번 호</td><td colspan="3">권 호</td></tr>
<tr><td colspan="8"></td><td>일련번호</td><td colspan="3"></td></tr>
<tr><td rowspan="4">공급자</td><td>등록번호</td><td colspan="3">123-81-901××</td><td rowspan="4">공급받는자</td><td>등록번호</td><td colspan="5">127－01－801××</td></tr>
<tr><td>상호(법인명)</td><td>(주)포천</td><td>성명</td><td>김진수 ㊞</td><td>상호(법인명)</td><td>(주)이동</td><td>성명</td><td colspan="3">황성실 ㊞</td></tr>
<tr><td>사업장 주소</td><td colspan="3">경기도 포천시 신읍동-1</td><td>사업장 주소</td><td colspan="5">경기도 의정부시 의정부동 2</td></tr>
<tr><td>업태</td><td>도·소매</td><td>종목</td><td>축산물유통</td><td>업태</td><td>소매</td><td>종목</td><td colspan="3">음식점</td></tr>
</table>

작성 년	월	일	공란수	백	십	억	천	백	십	만	천	백	십	일	비고
20×6	5	23	5						5	0	0	0	0	0	

월	일	품목	규격	수량	단가	공급가액	비고
5	23	육류	마리	1	500,000	500,000	

합계금액	현금	수표	어음	외상미수금	이 금액을 영수/징수 함
500,000	–	500,000	–	–	

보충설명 • 전자계산서

계산서도 전자세금계산서와 같이 종이계산서 대신에 인터넷(홈텍스 사이트) 등 전자적인 방법에 의해 작성·발급하면 전자계산서라 한다. 전자계산서의 의무발급자는 법인사업자와 직전연도의 사업장별 공급가액 3억원 이상인 개인사업자(과·면세사업 겸업자 포함), 전년도 수입(과세+면세)금액이 10억원 이상인 개인사업자이다.

| 실무상식 |

- 계산서는 매입증빙자료로 중요한 역할을 한다. 부가가치세 부담이 없기 때문에 중요하게 생각되지 않지만 음식점의 경우 의제매입세액공제를 받을 수 있기 때문에 거래처에서 계산서를 챙기는 것이 필요하다. 따라서 부가가치세 신고기간이 다가와서 챙기기보다는 미리미리 챙겨서 부가가치세 신고기간에 누락하는 일이 없어야 한다. 대부분 사람들이 세금계산서와 계산서의 차이를 잘 모르는 경우가 많다. 세금계산서는 부가가치세를 10% 부담한 것을 증명하는 법정증빙이고 계산서는 부가가치세 없이 매입한 자료를 증빙히는 서류이다. 이런 계산서는 대부분 야채나 정육 등 부가가치세를 부담하지 않는 사업자가 발행하는 증빙서류이다.

⑤ 신용카드 매출전표

신용카드매출전표는 신용카드 발행업자와 신용카드에 의한 신용거래를 약정한 사업자(이하 신용카드가맹사업자라 한다)가 신용카드발행업자로부터 신용카드를 발급받은 자에게 재화 또는 용역을 공급하고 교부하는 매출표를 말한다(직불카드, 체크카드, 외국에서 발행된 신용카드 및 기명식선불카드 포함).

| 실무상식 |

- 신용카드를 사용하면 별도로 신용카드매출전표를 보관할 필요가 없으며 신용카드이용대금명세서를 보관하는 것으로 증빙수취에 갈음할 수 있다. 다만, 신용카드매출전표로 매입세액공제를 받아야 할 경우에는 신용카드매출전표를 수취하여 보관하여야 한다.
- 개인사업자의 경우 현금영수증 홈페이지에서 사업자가 사용하는 카드를 등록할 수 있다. 이후 이를 부가가치세 신고시 매입세액공제자료로 활용할 수 있으며, 지출사실을 입증하는 지출증빙으로도 활용할 수 있다.
- 법인사업자의 경우에는 별도 등록과정 없이 법인카드의 사용내역을 현금영수증 홈페이지를 통해 조회할 수 있고 이를 부가가치세 신고 또는 지출증빙으로 활용할 수 있다.
- 신용(직불)카드의 매출전표를 교부받는 경우에는 원칙적으로 세금계산서를 교부받을 수 없다. 다만, 세금계산서를 교부받고 신용(직불)카드를 결제용도로 활용하는 경우에는 중복 교부받을 수 있지만 이 경우에도 세금계산서에 의해 매입세액공제를 받아야 하며 신용(직불)카드 등에 의해 중복해서 매입세액공제를 받을 수는 없다.

자료 1.

매출전표

카드종류	거래일자
현대카드	2014.7.14.13 : 25 : 53
카드번호(CARD NO)	
9410－5114－****－8512	
승인번호	
30010947	금액 AMOUNT 750000
일반 일시불 / 할부	부가세 V.AT 75000
컴퓨터	봉사료 CASHBACK
거래유형	
신용승인	합계 TOTAL 825000
가맹점명	
빛나전자	
대표자명	사업자번호
황수민	105－23－66873
전화번호	가맹점번호
02－882－2456	001234123
주소	
서울 마포구 상개로7	

상기의 거래 내역을 확인합니다. 서명 (주)한신산업

자료 2.

신용카드매출전표

가 맹 점 명 오정주유소
사 업 자 번 호 128－65－35524
대 표 자 명 허태평
주 소 경기도 부천시 오정구 부천로12
삼성카드 신용승인
거래일시 2014－07－16 오전 11 : 08 : 04
카드번호 9410－3256－****－6834
유효기간 **/**
가맹점번호 133501447
매입사 : 삼성카드사(전자서명전표)

상품명(주유기)	단가	수량	금액
경유(06)	1,678 ×	71.513	120,000

과세금액 109,091원
부가세액 10,909원
합 계 120,000원

⑥ 현금영수증

현금영수증은 현금영수증가맹점이 재화나 용역을 공급하고 그 대금을 현금으로 받는 경우 당해 재화 또는 용역을 공급받는자에게 현금영수증 발급장치에 의해 발행된 증빙으로서 거래일시, 품목, 금액 등 결재내역이 기록된다. 이러한 현금영수증이 법정지출증빙으로 인정받기 위해서는 현금영수증을 받을 때 '사업자 지출증빙용 현금영수증'을 받아야 한다. 다만, '소득공제용 현금영수증'을 받은 경우에도 사업과 관련하여 지출되었음을 입증하여 법정지출증빙으로 사용할 수 있다.

지출증빙용(사업자용)

** 현금영수증 **
(지출증빙용)

← 사업자용으로 발급 시 현금(지출증빙)이라 기재함

사업자등록번호 : 214-09-12321 박우태
사업자명 : 미래문구
단말기ID : 73453259(tel : 02-345-4546)
가맹점주소 : 서울 강남구 테헤란로 27길 15

현금영수증 회원번호
120-81-21410 (주)한신산업
승인번호 : 83746302 (PK)
거래일시 : 2014년 7월 30일 16시28분21초

공급금액	136,364원
부가세금액	13,636원
총합계	150,000원

← 5,000원 이상의 경우만 발행됨

휴대전화, 카드번호 등록
http : //현금영수증.kr
국세청문의(126)
38036925-GCA10106-3870-U490
《《《《《《이용해 주셔서 감사합니다.》》》》》》

← 현금영수증상담센터 전화번호와 홈페이지 주소가 기재되어 있음

보충설명

■ **현금영수증 발급의무 대상자**

다음의 업종을 영위하는 사업자로서 현금영수증가맹점으로 가입한 사업자는 건당 10만원 이상(부가가치세 포함)인 재화나 용역을 공급하고 그 대금을 현금으로 받은 경우에는 상대방이 현금영수증 발급을 요청하지 않아도 현금영수증을 발급하여야 한다.

구분	사업의 종류
(전문)사업 서비스업	변호사업, 회계사업, 세무사업, 변리사업, 건축사업, 법무사업, 심판변론인업, 경영지도사업, 기술지도사업, 감정평가사업, 손해사정인업, 통관업, 기술사업, 도선사업, 측량사업, 공인노무사업

보건업	종합병원, 일반병원, 치과병원, 한방병원, 일반의원, 기타의원, 치과의원, 한의원, 수의업
기타업종	일반교습학원, 예술학원, 골프장업, 장례식장업, 예식장업, 부동산중개업, 일반유흥주점업, 무도유흥주점업, 산후조리원, 시계 및 귀금속소매업, 피부미용업, 다이어트센터 등 기타 미용관련 서비스업, 실내건축 및 건축마무리 공사업(도배만 영위하는 경우 제외), 인물사진 및 행사용비디오 촬영업(결혼사진 및 비디오 촬영업으로 한정), 맞선주선 및 결혼상담업, 의류임대업, 이사화물운송주선사업(포장이사운송업 한정), 자동차부품 및 내장품판매업, 자동차종합수리업, 자동차전문수리업

* 다만, 현금영수증 발급의무대상자가 세금계산서 또는 계산서를 발급한 경우에는 현금영수증을 발급하지 아니할 수 있다.

| 실무상식 |

- 현금영수증 수취 시 '사업자 지출증빙용 현금영수증카드' 또는 사업자등록번호를 제시하여 '사업자 지출증빙용 현금영수증'을 받도록 해 법정지출증빙으로 한 번에 인정받도록 한다.
- 현금영수증 사이트에서 사업자로 회원가입을 할 경우 지출증빙으로 교부받은 현금영수증의 사용내역을 일괄하여 조회할 수 있으며, 이 자료는 부가가치세 매입세액공제자료로 활용하거나 지출사실을 입증하는 증빙으로 활용할 수 있다.
- 현금영수증을 교부받은 경우에는 현금영수증전표를 별도 보관하지 않아도 현금영수증사이트에서 조회되는 지출내역을 지출증빙으로 사용할 수 있어 편리하다.

3) 비법정지출증빙(비적격증빙)

① 비법정지출증빙의 의의

비법정지출증빙은 이름에서도 알 수 있듯이 법정지출증빙과 반대되는 개념으로 세법에서 인정해주지 않는 증빙을 말하며, 판매처와 구매처가 서로 물건을 주고받고 돈을 지불했다는 외부 거래사실을 증명해 주는 증빙을 의미한다. 법정지출증빙으로는 인정을 받지 못하나 세무조사 등 지출 사실에 대한 소명자료 요구 시에는 소명자료가 될 수 있으므로, 비법정지출증빙도 반드시 날짜별로 챙겨서 보관하여야 한다. 부가가치세법에서 규정하고 있는 3만원 이내 지출의 영수증을 제외한 거래명세서, 지출결의서, 입금표 등은 법정지출증빙이 아니므로 법적으로 양식이 정해져 있지 않다.

② (간이)영수증

간이과세자와 일반과세자 중 대통령령으로 정하는 사업자(주로 사업자가 아닌 자에게 재화 또는 용역을 공급하는 사업자)는 세금계산서 대신에 공급받는자의 등록번호와 부가가치세액이 기재되지 않은 증빙(약식 계산서)을 발행하는데 이를 (간이)영수증이라 한다. 영수증은 접대비를 제외한 지출 중 거래 건당 3만원 이내의 지출은 지출사실을 법적으로 인정받지만, 3만원을 초과한 영수증 수취 시 가산세 대상이 된다. 다만, 3만원 초과한 영수증을 수취하였을 경우 사실관계가 확인된다면 비용처리는 가능하다. 접대비의 경우에는 건당 1만원 이내의 지출은 영수증으로 그 지출사실을 입증할 수 있으나, 1만원을 초과하는 지출의 경우 영수증은 접대비로 인정을 받을 수 없다. 따라서 접대비의 경우에는 필히 신용카드나 현금영수증을 사용하는 것이 좋다.

No. 영 수 증 (공급받는자용)

귀하

공급자				
	사업자 등록번호			
	상호		성명	
	사업장 소재지			
	업태		품목	

작성일자	금액합계	비고

위 금액을 영수(청구)함.

월일	품명	수량	단가	금액
합 계	₩			

부가가치세법시행규칙 제25조의 규정에 의한(영수증)으로 개정

No. 영 수 증 (공급자용)

귀하

공급자				
	사업자 등록번호			
	상호		성명	
	사업장 소재지			
	업태		품목	

작성일자	금액합계	비고

위 금액을 영수(청구)함.

월일	품명	수량	단가	금액
합 계	₩			

부가가치세법시행규칙 제25조의 규정에 의한(영수증)으로 개정

③ 거래명세서(거래내역서)

일반적으로 상품 등의 매매는 세금계산서 등의 법정지출증빙을 교부 또는 수취해야 한다. 그러나 세금계산서나 계산서, 영수증 등에는 거래내역을 상세히 기록하는 것이 불가능하므로 세부적인 거래내역이나 사실을 뒷받침할 거래명세서를 작성하는 경우가 있다. 거래명세서는 거래처와의 거래사실을 확인하는 증빙이나 법적인 구속력을 갖는 것은 아니므로 반드시 법정지출증빙을 거래명세서와 함께 수취하여야 한다.

거 래 명 세 서

20×6년 3월 15일

(주)경복 귀하

아래와 같이 거래합니다.

공급자	등록번호	190-62-029××		
	상호	(주)일성	성명	김거래
	주소	서울 강북구 미아동 1		
	업태	도소매	종목	음식료
	전화번호	02-984-87××		

(합계금액)

품명	규격	수량	공급가액	세액	금액
음료 1	EA	20	18,181	1,819	20,000
식품 2	SET	2	109,091	10,909	120,000
계			127,272	12,728	140,000

④ 지출결의서

지출결의서는 자금지출이 예상될 때 그 예상되는 지출에 대해서 회사규정에 의한 결정권자의 결재를 맡을 때 사용하는 내부 관리서류이다. 지출(품의)결의서를 작성한 후 실제로 해당 지출이 발생하면 그에 대한 증빙을 지출결의서에 첨부하여 보관한다.

| 실무상식 |

- 3만원 이하 소액의 비용 지출 시에도 원칙적으로 영수증 등을 수령해야 한다. 그러나 현실적으로 영수증조차 수취할 수 없는 경우(예: 여비교통비 중 택시비나 지하철, 버스요금 등)에는 사용자를 기재하고 해당 부서장이 확인한 지출결의서를 증빙으로 인정받을 수 있다.
- 지출결의서는 여러 가지 사유로 세무조사를 받는 경우에 회사의 자금흐름을 소명하는 증빙서류로도 사용된다.

지출결의서

담당	팀장	이사	대표이사

부서	영업팀	직책	사원	성명	김대한
지출금액	일금 백삼십이만원(₩1,320,000)				
제목	영업팀 노트북 등 구입				

<table>
<tr><td rowspan="9">내역</td><td rowspan="2">적요</td><td colspan="3">금액</td><td rowspan="2">비고</td></tr>
<tr><td>합계</td><td>공급가액</td><td>부가가치세</td></tr>
<tr><td>삼성전자 노트북</td><td>1,100,000</td><td>1,000,000</td><td>100,000</td><td>영업팀 사용</td></tr>
<tr><td>노트북 주변기기</td><td>220,000</td><td>200,000</td><td>20,000</td><td>영업팀 사용</td></tr>
<tr><td></td><td></td><td></td><td></td><td></td></tr>
<tr><td></td><td></td><td></td><td></td><td></td></tr>
<tr><td></td><td></td><td></td><td></td><td></td></tr>
<tr><td>합계</td><td>1,320,000</td><td>1,200,000</td><td>120,000</td><td>8월 9일
지출예정</td></tr>
<tr><td colspan="5">*입금계좌: 하나은행 8642-9000-3963 (예금주: 서대문전자)</td></tr>
</table>

위 금액을 청구하오니 결재하여 주시기 바랍니다.(사전 지출품의서 뒷면 첨부)

201×년 8월 8일

보고인: 문한국 (인)

⑤ 입금표

입금표는 상대방으로부터 일정액의 돈을 받았다는 사실을 확인해 주는 양식이다. 즉, 외상대출 대금을 받거나 물건을 판매한 후 현금을 받을 때 받았다는 것을 확인해 주는 사적인 자료이다. 따라서 자금의 지출 시 입금표를 받았다고 하더라도 법적지출증빙 자료(세금계산서, 신용카드 매출전표, 계산서 등)를 받아야 한다.

입 금 표

No.	(주)포천 귀하		
공급자 사업자등록번호	127-81-901××		
공급자 상호(법인명)	(주)이동	성명	김진수
공급자 사업장소재지	경기도 포천시 신읍동 1		
공급자 업태		종목	

작성일	공급가액											세액								
20×6년	공란	십	억	천	백	십	만	천	백	십	일	억	천	백	십	만	천	백	십	일
5월 23일	4					5	0	0	0	0	0					5	0	0	0	0

합계	백	십	억	천	백	십	만	천	백	십	일
						5	5	0	0	0	0

내용	육류세트 5개
	영수자: 김진수
위의 금액을 정히 영수함.	

보충설명 ∘ 비법정지출증빙 수취로 인한 불이익

사업자로부터 재화나 용역을 공급받는 공급대가가 3만원을 초과하는 경우 법정지출증빙을 수취하지 않으면 미수취 금액의 2%를 법정지출증빙 미수취에 따른 가산세로 부담하게 된다. 또한 법인의 경우, 업무상 목적으로 실제 지출을 하고도 그에 대한 지출증빙을 갖추지 못하는 경우 대표이사가 가져간 것으로 보아 가지급금으로 계상될 수 있으며 이 경우 소득세가 부과되며, 실제 지출사실이 밝혀져도 가산세가 부과된다.

(3) 증빙의 적정성 판단

1) 계정과목별 수취 증빙

계정과목별로 지급사실을 인정받을 수 있는 증빙은 다음과 같다.

구분		법적증빙	비고
인건비	임직원	원천징수영수증	급여지급대장도 작성 보관
	일용직	원천징수이행상황신고서	일용직 급여지급대장도 작성 보관
교통비	시내	내부지출결의서 또는 영수증	
출장비	지방	세금계산서, 신용카드매출전표, 영수증	실비정산
	해외	해외 현지에서 수취한 증빙	실비정산
경조사비		청첩장・내부지출결의서	임직원, 거래처(20만원 한도)대상
임차료		세금계산서	임대업자가 과세사업자가 아닌 경우는 입금증
일반비용		세금계산서, 신용카드매출전표, 현금영수증, 계산서, 일정형식의 지로용지	
재고자산 취득		세금계산서, 신용카드매출전표, 영수증	거래명세서 함께 수취 보관
유형자산 등 취득			계약서 함께 보관

* 부득이 필요한 증빙을 수취하(받)지 못하고 현금이 지급(지출)되는 거래는 계좌이체 후 입금증을 출력하여 보관한다.

2) 거래 상대방 기준 수취 증빙

거래 상대방이 부가가치세법상 어떤 사업자인지에 따라 다음과 같이 수취해야 하는 증빙에 차이가 있다.

구분		법적증빙
과세	일반과세자	세금계산서, 신용카드매출전표, 현금영수증, 일정형식의 지로용지
	간이과세자	신용카드매출전표, 현금영수증, 일정형식의 지로용지
면세		계산서, 신용카드매출전표, 현금영수증, 일정형식의 지로용지

직무능력평가 1-2

1. 다음 견적서와 추가자료에 의하여 ㈜서울이 작성해야 할 지출품의서를 작성하시오.

견적서

NO.____________

<table>
<tr><td rowspan="5">공
급
자</td><td>사 업 자
등록번호</td><td colspan="3">132-81-11111</td><td>일자: 201×년 6월 11일</td></tr>
<tr><td>상 호</td><td>㈜하나문구</td><td>성명</td><td>강길동 (인)</td><td rowspan="3">(주)서울 귀하</td></tr>
<tr><td>사 업 장
소 재 지</td><td colspan="3">서울시 서초구 서초동 서초빌딩 3층 300호</td></tr>
<tr><td>업 태</td><td>도・소매</td><td>종목</td><td>문구</td></tr>
<tr><td>연 락 처</td><td colspan="3">Tel.02-00-0000, Fax.02-000-0001</td><td>아래와 같이 견적합니다.</td></tr>
<tr><td colspan="3">프로젝트/공사명</td><td colspan="3">소모품</td></tr>
<tr><td colspan="3">합계금액
(공급가액+세액)</td><td colspan="3">일금 이십팔만천원(₩281,000)</td></tr>
</table>

품번	품명/규격	단위	수량	단가	공급가액	세액	비고
01	복사지	BOX	10	22,000	200,000	20,000	220,000
02	볼펜	BOX	10	1,100	10,000	1,000	11,000
03	봉투(대)	BOX	10	5,000	45,455	4,545	50,000
	이하여백						

〈추가자료〉

(1) 지출품의서 작성일은 201×년 6월 12일이다.

(2) 지출품의서의 사용목적은 '하반기 소모품 구입'이다.

(3) 지출품목의 품번 1과 2는 201×년 7월 1일 납품예정이고 품번 3은 7월 12일 납품예정이다. 이를 지출품의서 '비고'란에 기록한다.

| 풀이 |

지출품의서

201×년 6월 12일

담당	팀장	이사	대표이사

지급금액	
사용목적	
지급처	
계정과목	

아래와 같은 내용으로 지출품의서를 제출하오니 결재하여 주시기 바랍니다.

품번	내용	금액			비고
		합계	공급가액	부가가치세	

2. 다음 자료에 의하여 지출결의서와 (대체)전표를 작성하시오.

(1) 영업팀의 총무담당인 사원 김길동은 업무상 사용할 노트북을 구입을 위해 지난 6월 15일 다음과 같은 지출품의서를 사전에 품의를 받아 놓은 후 7월 8일 노트북 구입 지출품의서의 내용과 같은 전자세금계산서를 받아 경리담당 홍지문에게 지출결의를 의뢰하다.

지출품의서

201×년 6월 15일

담당	팀장	이사	대표이사

지급금액	일금 백사십이만원(₩1,420,000)
사용목적	노트북 구입
지급처	남대문전자
계정과목	비품/부가가치세대급금

아래와 같은 내용으로 지출품의서를 제출하오니 결재하여 주시기 바랍니다.

품번	내용	금액			비고
		합계	공급가액	부가가치세	
1	삼성전자 노트북	1,320,000	1,200,000	120,000	201×.7.9. 구입예정
2	노트북가방	100,000	90,909	9,901	201×.7.9. 구입예정

(2) 7월 8일 경리담당 홍지문은 당사 ㈜신성의 신한은행 보통예금계좌 1259-8235-4270에서 남대문전자의 하나은행 보통예금계좌 5678-9000-0321로 대체지급하기로 하고 지출결의서를 작성하여 결재를 받다.

(3) 7월 9일 지출결의서의 결재가 완료되어 지출(대체)을 하고 전표처리를 하다.

| 풀이 |

지출결의서

2016년 ○월 ○일

담당	팀장	이사	대표이사

<table>
<tr><td>성명</td><td></td><td>부서</td><td></td><td>성명</td><td></td></tr>
<tr><td>지출금액</td><td colspan="5">일금 원(₩)</td></tr>
<tr><td>제목</td><td colspan="2"></td><td>계정과목</td><td colspan="2"></td></tr>
<tr><td rowspan="10">내역</td><td rowspan="2">적요</td><td colspan="3">금액</td><td rowspan="2">비고</td></tr>
<tr><td>합계</td><td>공급가액</td><td>부가가치세</td></tr>
<tr><td></td><td></td><td></td><td></td><td></td></tr>
<tr><td></td><td></td><td></td><td></td><td></td></tr>
<tr><td></td><td></td><td></td><td></td><td></td></tr>
<tr><td></td><td></td><td></td><td></td><td></td></tr>
<tr><td></td><td></td><td></td><td></td><td></td></tr>
<tr><td>합계</td><td></td><td></td><td></td><td></td></tr>
<tr><td colspan="5">*입금계좌: ____________________ (예금주: __________)</td></tr>
</table>

위 금액을 청구하오니 결재하여 주시기 바랍니다.(사전 지출품의서 뒷면 첨부)

2016년 월 일

보고인: (인)

대체전표

No. -	201×년 월 일	검인		담당	

계정과목	차변	계정과목	대변
합계		합계	
적요			

3. 다음 (　　) 안에 알맞은 용어를 써 넣으시오.

① 법인과 개인사업소득자가 다른 사업자로부터 건당 거래금액이 3만원(접대비는 1만원)을 초과하는 재화 또는 용역을 공급받고 그 대가를 지급한 경우에는 법정지출증빙인 세금계산서(전자세금계산서 포함), (　　　　), (　　　　), (　　　　) 등을 수취하여 5년간 보관하여야 한다.

② (　　　)은 접대비를 제외한 지출 중 거래 건당 3만원 이내의 지출은 지출사실을 법적으로 인정받지만, 3만원을 초과한 영수증 수취 시 가산세 대상이 된다.

③ 일반적으로 상품 등의 매매는 세금계산서 등의 법정지출증빙을 교부 또는 수취해야 한다. 그러나 세금계산서나 계산서, 영수증 등에는 거래내역을 상세히 기록하는 것이 불가능하므로 세부적인 거래내역이나 사실을 뒷받침할 (　　　　)를 작성하는 경우가 있다.

| 풀이 |

① (　　　　), (　　　　), (　　　　), ② (　　　　), ③ (　　　　)

1.3 소액현금의 지급과 관리 수행준거

학습목표(수행준거)

출금할 때 정액자금전도제에 따라 소액현금을 지급·관리할 수 있다.

(1) 소액현금의 의의

소액의 경비를 원활하게 지급하기 위하여 회계과에서는 일정한 금액을 각 부서의 용도계에 선급하여 주는데 이때에 선급한 현금을 소액현금이라 하고, 이러한 소액현금의 선급 및 지급액과 보급액을 처리하는 임시 자산계정을 소액현금계정이라 한다. 소액현금은 재무제표에 현금으로 통합 표시한다. 그리고 소액현금을 선급하는 방법에는 부정액자금선급법과 정액자금선급법이 있다.

보충설명 ∘ 용도계

기업 각 부서의 현금 입·출입을 담당하는 총무(서무)팀을 말한다. 용도계는 현재 잘 사용하지 않는 용어이다.

1) 부정액자금선급법

단순자금선급법이라고 하며, 용도계의 요구에 따라 적당한 금액을 선급하는 방법이다.

2) 정액자금선급법

일정기간에 필요한 예정액을 용도계에 선급하고 월말에 실제의 지급액을 보고받고, 그와 동액을 보급하여 월초에는 항상 일정한 금액을 유지하게 하는 방법이다.

(2) 보급에 관한 회계처리 방법

1) 보고받은 후 자금을 보충해 주는 방법

기록시기	거래내용	차변		대변	
당월초	용도계에게 소액자금으로 2,000원의 당좌수표를 발행하여 전도해 주다.	소액현금	2,000	당좌예금	2,000
당월말	용도계로부터 교통비 500원과 소모품비 300원, 잡비 200원의 지출보고를 받다.	여비교통비 소모품비 잡비	500 300 200	소액현금	1,000
차월초	위 보고에 의해 부족현금을 보충해 주기 위해 동액의 수표를 발행하여 보급하여 주다.	소액현금	1,000	당좌예금	1,000

2) 보고받은 즉시 자금을 보충해 주는 방법

기록시기	거래내용	차변		대변	
당월초	용도계에게 소액자금으로 1,000원의 당좌수표를 발행하여 전도해 주다.	소액현금	1,000	당좌예금	1,000
당월말	용도계로부터 교통비 400원과 통신비 300원, 잡비 200원의 지출보고를 받고 동액의 수표를 발행하여 보급하여 주다.	여비교통비 통신비 잡비	400 300 200	당좌예금	900

(3) 소액현금출납장

용도계에서 소액현금의 수입과 지출의 내용을 상세히 기입하는 보조기입장이다.

소액현금출납장

수입액	월	일	적요	지급액	지급명세				
					여비교통비	통신비	수도광열비	소모품비	잡비

예제

정액자금선급제도를 채택하고 있는 (주)구리 영업부(부서)의 9월 중 거래이다. 소액현금출납장을 작성하고, 회계과에서 행할 당월초, 당월말, 차월초 분개를 하시오.

9월 1일 회계과로부터 소액자금으로 2,000원의 수표를 받다.
9월 7일 부서 직원 시내출장으로 인한 택시요금 800원을 지급하다.
9월 18일 부서 사무용품 200원을 구입하다.
9월 19일 부서 방문고객의 음료 80원을 구입하다.
9월 27일 부서 전화요금 170원을 지급하다.

| 풀이 |

소액현금출납장

수입액	날짜		적요	지급액	지급명세			
					여비교통비	소모품비	통신비	잡비
2,000	9	1	소액자금수표수입					
	9	7	택시요금지급	800	800			
	9	18	사무용품구입	200		200		
	9	19	고객음료구입	80				80
	9	27	전화요금지급	170			170	
	9	30	지급합계	1,250	800	200	170	80
	9	30	차월이월	750				
2,000				2,000				
750	10	1	전월이월					
1,250	10	1	소액자금수표수입					

기록시기	차변		대변	
	계정과목	금액	계정과목	금액
9월 1일	소액현금	2,000	당좌예금	2,000
9월 30일	여비교통비 소모품비 통신비 잡비	800 200 170 80	소액현금	1,250
10월 1일	소액현금	1,250	당좌예금	1,250

직무능력평가 1-3

정액자금선급제도를 채택하고 있는 (주)서울 강서지사의 10월 중 거래이다. 소액현금출납장을 작성하고, 회계과에서 행할 당월초, 당월말, 차월초 분개를 하시오.

10월 1일 회계과로부터 소액자금으로 1,500원의 수표를 받다.
10월 11일 부서 직원 시내출장으로 인한 택시요금 200원을 지급하다.
10월 17일 부서 전기요금 300원을 지급하다.
10월 21일 부서 우편요금 150원을 지급하다.
10월 24일 부서 고객 접대용 음료 50원을 구입하다.

| 풀이 |

소액현금출납장

수입액	날짜		적요	지급액	지급명세			
					여비교통비	수도광열비	통신비	잡비

기록시기	차변		대변	
	계정과목	금액	계정과목	금액

1.4 입 · 출금전표와 현금출납부의 작성 수행준거

학습목표(수행준거)

회계관련 규정에 따라 입 · 출금전표 및 현금출납부를 작성하고 현금 시재를 일치시키는 작업을 할 수 있다.

(1) 입 · 출금전표의 작성

1) 전표의 뜻

전표란 거래를 분석하여 기록하는 분개장 대용으로 사용하는 일정한 양식의 용지를 말한다. 전표를 그대로 합철하면 분개장이 된다. 실무에서는 분개장을 사용하지 않고 장점이 많은 전표에 의해 원장에 전기하는 경우가 많다. 특히, 기업의 규모가 크고 거래가 빈번한 경우에는 전표를 이용하는 것이 일반적이다. 전표는 거래의 승인에 필요한 결재서류로도 쓸 수 있다.

2) 전표제도

현재 실무에서는 ① 입금전표, ② 출금전표, ③ 대체전표로 구성된 3전표 제도를 주로 사용하고 있다.

구분		구성전표
전표제도	1전표제도	분개전표
	3전표제도	입금전표, 출금전표, 대체전표
	5전표제도	입금전표, 출금전표, 대체전표, 매입전표, 매출전표

3) 사용전표의 구분

거래 시 현금의 사용 여부에 따라 다음과 같은 전표를 사용한다.

사용전표	사용대상 거래
입금전표	현금의 수입 거래(분개 시 현금이 차변) 시
출금전표	현금의 지급 거래(분개 시 현금이 대변) 시
대체전표	현금의 수입과 지급이 없는 거래(분개 시 현금이 없음) 시

4) 입금전표의 작성

입금(현금수입) 거래 시 사용하는 전표이다. 입금전표는 적색으로 양식이 인쇄되어 있다.

예제

다음 자료를 분개하고 필요한 전표를 작성하시오.
8월 16일 충북상사에 갑 상품 7,000원(14개 @500원)을 현금을 받고 매출하다.

| 풀이 |

(차) 현 금 7,000 (대) 매 출 7,000

입금전표

No. 1 201×년 8월 16일

검인		담당	

과목	*매출*	성명	*충북상사*
적요			금액
갑 상품 14개 @500원			*7,000*
합계			*7,000*

5) 출금전표의 작성

출금(현금지급) 거래 시 사용하는 전표이다. 출금전표는 청색으로 양식이 인쇄되어 있다.

예제

다음 자료를 분개하고 필요한 전표를 작성하시오.
8월 21일 울산상사에서 을 상품 3,000원(10개 @300원)을 현금으로 지급하고 매입하다.

| 풀이 |

(차) 매 입 3,000 (대) 현 금 3,000

출금전표

No. 2 201×년 8월 21일

검인		담당	

과목	*매입*	성명	*울산상사*
적요			금액
을 상품 10개 @300원			*3,000*
합계			*3,000*

6) 대체전표의 작성

현금의 입·출금이 없을 때 사용하는 전표이다. 대체전표는 흑색으로 양식이 인쇄되어 있다. 그리고 거래가 일부는 대체거래고, 일부는 입·출금거래인 경우에는 대체거래분은 대체전표를 사용하고 입·출금부분은 입·출금전표를 사용한다.

예제

다음 자료를 분개하고 필요한 전표를 작성하시오.
8월 26일 동방상사에서 병 상품 4,000원(20개 @200원)을 외상으로 매입하다.
(차) 매 입 4,000 (대) 외상매입금 4,000

| 풀이 |

대체전표

No. 3　　　201×년 8월 26일

검인		담당	

계정과목	차변	계정과목	대변
매입	*4,000*	*외상매입금*	*4,000*
합계	*4,000*	합계	*4,000*
적요	*동방상사에서 병 상품 4,000원(20개 @200원)매입*		

예제

다음 거래를 두 개의 전표로 작성하시오.

10월 21일 상품 70,000원(을상품 200개 @350원)을 부산상사에서 매입하고 대금 중 40,000원은 현금으로 지급하고 잔액은 외상으로 하다.

(차) 매 입	70,000	(대) 현 금	40,000
		외상매입금	30,000

| 풀이 |

출금전표

No. ××　　　201×년 10월 21일

검인		담당	

과목	*매입*	성명	*부산상사*
적요			금액
을 상품 200개 @350원 매입, 일부 현금 잔액은 외상			*40,000*
합계			*40,000*

대체전표

No. ××　　　201×년 10월 21일

검인		담당	

계정과목	차변	계정과목	대변
매입	*30,000*	*외상매입금*	*30,000*
합계	*30,000*	합계	*30,000*
적요	*부산상사에서 을 상품 200개 @350원 매입, 일부 외상 잔액은 현금*		

(2) 현금출납부의 작성

1) 현금출납부의 의의

현금출납부는 현금의 입금과 출금, 잔액을 기록하는 장부로서 장부상의 현금의 잔액을 통해 실제 보유현금(현금시재)과 대조하여 내부통제하는 데도 사용한다.

2) 현금출납부의 작성방법

현금출납장은 기업의 현금흐름을 매일같이 한눈에 볼 수 있는 중요한 장부로서 다음과 같은 방법으로 작성한다.

① 현금의 수입과 지출을 구분하여 해당 '란'에 기록한다.

② 계정과목은 분개 시 현금의 상대변 계정과목을 기록한다.

③ 적요는 해당 거래를 짧게 잘 나타낼 수 있도록 기록한다.

④ 잔액은 직전 잔액에 수입(입금)은 가산하고 지출(출금)은 차감하여 기록한다.

⑤ 월말의 잔액은 '차월이월'이라는 적요로 기록하고 '지출란'에 월말의 잔액을 기록하여 합계를 일치시켜 마감한다. 다음 달 1일은 '전월이월'이라는 적요로 기록하여 '수입란'에 전월말 잔액을 기록하여 계속 관리한다.

예제

다음 자료에 의해 현금출납부를 작성하시오.

〈거래자료〉

10월 1일 전월말 현금잔액은 5,000원이다.

10월 10일 9월분 건물관리비 500원 중 200원을 현금으로 지급하고 나머지 금액은 수표를 발행하여 지급하다.

10월 13일 영업홍보물 제작비 300원을 현금으로 지급하다.

10월 15일 9월분 정직원 급여 1,500원을 현금으로 지급하다.

10월 18일 A제품 5대를 1대당 1,200원에 판매하고 4,800원은 현금으로 받고 나머지는 나중에 받기로 하다.

10월 27일 컴퓨터 2대를 1,600원에 구입하고 현금으로 지급하다.

10월 28일 9월분 관리비 과다청구분 50원을 현금으로 환급받다.

〈거래일자별 분개자료〉

일자	차변	금액	대변	금액
10월 10일	(차) 세금과공과	500	(대) 현금	200
			당좌예금	300
10월 13일	(차) 광고선전비	300	(대) 현금	300
10월 15일	(차) 급여	1,500	(대) 현금	1,500
10월 18일	(차) 현금	4,800	(대) 매출	6,000
	외상매출금	1,200		
10월 27일	(차) 비품	1,600	(대) 현금	1,600
10월 28일	(차) 현금	50	(대) 세금과공과	50

| 풀이 |

현금출납부

담당	과장	부장	이사

(단위: 원)

월	일	계정과목	적요	수입	지출	잔액	비고
10	1	-	전월이월	5,000		5,000	
	10	세금과공과	9월분 건물관리비 지급		200	4,800	
	13	광고선전비	영업 홍보물 제작		300	4,500	
	15	급여	9월분 정직원 급여 지급		1,500	3,000	
	18	매출	A제품 5대 판매	4,800		7,800	
	27	비품	컴퓨터 2대 구입		1,600	6,200	
	28	세금과공과	관리비 과다청구 환급	50		6,250	
	31		차월이월		6,250		
			합계	9,850	9,850		
11	1	-	전월이월	6,250		6,250	

(3) 현금 시재의 일치(관리)

현금의 보관은 현금을 보관할 수 있는 금고에 보관하여야 하고 현금담당 직원 외에는 금고의 사용을 제한하여야 한다.

현금담당 직원은 근무(영업)시간이 종료되면 보유 현금을 정리한 후, 실제 현금잔액과 현금출납부 또는 현금계정의 잔액과 일치 여부를 확인하고 현금담당 책임자의 확인을 받아 현금을 금고에 보관한다.

직무능력평가 1-4

1. 다음 거래를 분개하여 3전표제도에 의하여 필요한 전표에 기록하시오.

10월 10일 경기상사에서 갑 상품 2,000원(50개 @40원)을 현금을 지급하고 매입하다.

10월 15일 위 매입한 갑 상품 중 20개를 1,200원(@60원)의 현금을 받고 전북상사에 매출하다.

10월 20일 위 매입한 갑 상품 중 나머지 30개를 2,100원(@70원)에 외상으로 제주상사에 매출하다.

| 풀이 |

구분	차변		대변	
	계정과목	금액	계정과목	금액
(1) 10월 10일				
(2) 10월 15일				
(3) 10월 20일				

출금전표

No. 201× 년 월 일

검인		담당	

과목		성명	
적요		금액	
합계			

입금전표

No. 201×년 월 일

검인		담당	

<table>
<tr><td>과목</td><td></td><td>성명</td><td></td></tr>
<tr><td colspan="3">적요</td><td>금액</td></tr>
<tr><td colspan="3"></td><td></td></tr>
<tr><td colspan="3"></td><td></td></tr>
<tr><td colspan="3"></td><td></td></tr>
<tr><td colspan="3">합계</td><td></td></tr>
</table>

대체전표

No. 201×년 월 일

검인		검인	

<table>
<tr><td>계정과목</td><td>차변</td><td>계정과목</td><td>대변</td></tr>
<tr><td></td><td></td><td></td><td></td></tr>
<tr><td></td><td></td><td></td><td></td></tr>
<tr><td></td><td></td><td></td><td></td></tr>
<tr><td></td><td></td><td></td><td></td></tr>
<tr><td>합계</td><td></td><td>합계</td><td></td></tr>
<tr><td>적요</td><td colspan="3"></td></tr>
</table>

2. 다음 거래를 분개하여 두 개의 전표로 작성하시오.

11월 23일 상품 80,000원(을 상품 200개 @400원)을 오산상사에 매출하고 대금 중 50,000원은 현금으로 받고 잔액은 외상으로 하다.

| 풀이 |

<table>
<tr><td rowspan="2">구분</td><td colspan="2">차변</td><td colspan="2">대변</td></tr>
<tr><td>계정과목</td><td>금액</td><td>계정과목</td><td>금액</td></tr>
<tr><td>11월 23일</td><td></td><td></td><td></td><td></td></tr>
</table>

(입금)전표

No. ××	201×년 월 일	검인		담당	

과목		성명	
적요			금액
합계			

대체전표

No. ××	201×년 월 일	검인		담당	

계정과목	차변	계정과목	대변
합계		합계	
적요			

3. 다음 자료에 의해 현금출납부를 작성하시오.

〈거래자료〉

11월 1일 전월말 현금잔액은 3,000원이다.

11월 12일 10월분 임차료 300원 중 200원을 현금으로 지급하고 나머지 금액은 수표를 발행하여 지급하다.

11월 15일 기계 수리를 하고 100원을 현금으로 지급하다.

11월 17일 10월분 정직원 급여 1,700원을 현금으로 지급하다.

11월 19일 B제품 3개를 1개당 1,000원에 판매하고 2,300원은 현금으로 받고 나머지는 나중에 받기로 하다.

11월 24일 책상 2개를 1,000원에 구입하고 현금으로 지급하다.

11월 26일 단기대여금의 이자 70원을 현금으로 받다.

〈거래일자별 분개자료〉

일자	차변	금액	대변	금액
11월 12일	(차) 임차료	300	(대) 현금	200
			당좌예금	100
11월 15일	(차) 수선비	100	(대) 현금	100
11월 17일	(차) 급여	1,700	(대) 현금	1,700
11월 19일	(차) 현금	2,300	(대) 매출	3,000
	외상매출금	700		
11월 24일	(차) 비품	1,000	(대) 현금	1,000
11월 26일	(차) 현금	70	(대) 이자수익	70

| 풀이 |

담당	과장	부장	이사

현금출납부

(단위: 원)

월	일	계정과목	적요	수입	지출	잔액	비고

Chapter 02

예금 관리능력단위요소

∴ 예금 관리하기(능력단위요소)를 위해 필요한 지식, 기술, 태도

구분	필요사항
지식	• 수신, 여신 관련 법률 • 예금계정
기술	• 기업 자금사용계획 활용 능력
태도	• 예 · 적금 관리 규정을 준수하는 태도 • 예금 관리에 대한 정확성

자 금 관 리

능력단위요소	수행준거(학습목표)
2. 예금 관리하기	2.1 회계관련 규정에 따라 예·적금을 구분·관리할 수 있다. 2.2 자금운용을 위한 예·적금 계좌를 예치기관별·종류별로 구분·관리할 수 있다. 2.3 은행업무시간 종료 후 회계관련 규정에 따라 은행잔고를 대조 확인할 수 있다. 2.4 은행잔고의 차이 발생 시 그 원인을 규명할 수 있다.

2.1 예 · 적금의 구분 · 관리 수행준거

학습목표(수행준거)

회계관련 규정에 따라 예 · 적금을 구분 · 관리할 수 있다.

(1) 정기예금

정기예금은 일정기간(보통 3개월, 6개월, 1년 이상 등)을 사전에 정하고 그 기간 내에는 원칙적으로 은행에게 예금의 환급을 요구하지 않는 것을 약정하고 예치하여 그 대가로 이자를 받는 저축성예금을 말한다. 이자는 매월 지급받을 수도 있고 만기에 원금에 가산하여 받을 수도 있다. 은행예금 중 가장 저축성이 강하고 은행측에서 볼 때는 약정된 일정기간 동안 예금인출의 가능성이 적기 때문에 자금운용의 안전성이 보장되는 이점이 있다.

(2) 정기적금

정기적금은 일정기간을 정해 놓고 매월 일정액을 적립하여 만기일에 약정금액을 일시금으로 지급받는 것을 내용으로 하는 전형적인 적립식 금융상품이다. 정기적금은 은행측에서 볼 때 매월 약정된 금액의 예입이 확실시 된다는 점에서 정기예금 못지않은 안정된 자금조달원이 된다.

(3) 기타 금융상품

은행, 종합금융회사, 투자신탁회사, 증권회사 등 금융기관에서 판매하는 다음과 같은 금융상품 등을 말한다.

1) 양도성예금증서(CD)

은행에서 증서로 발행·판매하는 무기명, 할인식, 선이자 형태의 양도가 자유로운 금융상품이다.

2) 어음관리계좌(CMA)

금융기관이 고객의 예탁금을 어음이나 채권에 투자하여 그 수익을 고객에게 돌려주는 실적배당 금융상품이다.

3) MMF(Money Market Funds)

금융기관이 고객들의 자금을 모아 단기금융상품에 투자하여 수익을 얻는 초단기 금융상품이다.

4) 환매채(환매조건부채권, RP)

금융기관이 일정기간 후 확정금리를 보태어 되사는 조건으로 발행하는 채권이다.

5) 발행어음

금융기관이 자체 자금을 조달하기 위하여 고객을 수취인으로 하고 금융기관이 지급인이 되어 발행하고 교부되는 약속어음 형태의 금융상품이다.

6) 기업어음(CP)

우량기업이 자금조달을 위해 발행하는 융통어음을 금융기관이 할인 매입하여 다시 고객들에게 판매하는 금융상품이다.

7) 표지어음

기업이 자금조달을 목적으로 발행한 어음이나 외상채권 등을 할인 매입하여, 금융기관이 매입한 어음 등의 액면 및 기간범위 내에서 분할하거나 통합하여 다시 어음을 발행하여 판매하는 금융상품이다.

8) 금전신탁

금융기관이 고객으로부터 금전을 신탁재산으로 예탁받아 이를 대출이나 증권 등으로 운영하여 일정기간 후에 원금과 수익을 고객에게 돌려주는 금융상품이다.

보충설명 ∘ 요구불예금과 저축성예금

은행을 통해 자금을 일정기간 보관하고 운용하기 위한 목적으로 예금을 한다. 예금은 크게 요구불예금과 저축성예금으로 분류된다. 요구불예금은 일시적으로 보관되는 예금으로 입출금이 자유로워서 이용자 편리를 목적으로 하는 예금이다. 요구불예금에는 당좌예금, 보통예금 등이 있다. 당좌예금은 기업에서 주로 사용되는 예금으로 금전거래가 발생하는 경우 출납업무를 신속하게 처리하기 위하여 어음이나 수표를 발행하여 예금을 출금한다.
저축성예금은 정해진 기간 동안 일정금액을 모으기 위한 예금으로 요구불예금에 비해 상대적으로 높은 이자가 발생하며 정기예금, 정기적금 등이 있다. 저축성예금은 요구불예금에 비해 금리가 높게 적용되므로 목돈 마련을 위해 이용된다.

(4) 예 · 적금(금융상품) 관리대장 작성

저축성 예 · 적금 등 금융상품을 관리하기 위해 기업은 기업특성에 맞게 정기적(월별, 분기별, 반기별)으로 예 · 적금(금융상품) 관리대장을 작성한다. 예금 · 적금(금융상품) 관리대장의 작성을 통해 일정 시기(만기일)에 현금의 보유자산 정도를 예상할 수 있다. 요구불예금은 앞서 학습한 자금일보(현금예금일보, 자금수지실적표)의 작성을 통해 관리한다. 예 · 적금(금융상품) 관리대장의 작성방법은 다음과 같다.

〈예 · 적금(금융상품) 관리대장 작성방법〉

① 구분: 예치일순으로 일련번호를 부여해서 기록한다.

② 금융상품명: 자금을 예치(예탁) 또는 투자하고 받은 통장 등에 기록된 금융상품의 명칭을 자세히 기록한다. 최초 예치(예탁)일로부터 만기기간도 함께 기록하는 것이 좋다.

③ 예치기관: 자금을 예치(예탁) 또는 투자한 금융기관을 지점까지 기록한다.

④ 만기일: 예치(예탁) 또는 투자한 자금을 금융기관으로부터 돌려받기로 약속한 연 · 월 · 일을 기록한다.

⑤ 이자율: 저축성 예·적금 등 금융상품의 계좌개설 시 통장 등에 표시된 이자율을 기록한다.

⑥ 만기 지급액: 만기에 수령하는 금액으로 기록한다. 원금에 이자가 가산되는 것이 일반적이지만 매달 이자를 받기로 하여 이자를 받은 경우에는 원금만 돌려받는다. 세금은 일반적으로 고려하지 않지만, 고려한 경우에는 세금 등을 차감한 실 수령액을 기록할 란을 만들거나 비고란을 활용한다.

⑦ 비고: 정기적금 등과 같이 매월 일정액을 적립하는 금융상품의 경우에는 비고란에 매월 적립액을 기록한다. 비고란에는 그 밖에 결재권자가 참고할 사항을 기록한다.

보충설명

• 분기

분기는 1년을 4등분한 3개월씩의 기간을 말한다. 즉 1/4분기(1/1~3/31), 2/4분기(4/1~6/30), 3/4분기(7/1~9/30), 4/4분기(10/1~12/31)를 말한다.

• 반기

반기는 1년을 2등분한 6개월씩의 기간을 말한다. 즉 상반기(1/1~6/30), 하반기(7/1~12/31)를 말한다. 다만, 반기를 일정기간의 절반을 뜻하는 것으로 사용할 경우에는 그 일정기간의 절반을 반기라 한다.

• 정기적금 납부지연으로 인한 만기일 변동

매월 불입액을 늦게 납부하는 경우에는 받기로 한 이자가 줄어들거나 만기일이 늦춰진다. 이 문제를 해결하기 위해서 여유자금 발생 시 매월 불입액을 일찍 선납하는 방법이 있다. 다만, 선납일수가 아무리 많아도 만기를 앞당기거나 추가이자금액이 발생하지는 않는다는 점에 유의하여야 한다. 만기지연일수의 계산은 다음과 같이 한다.

만기지연일수 = (지연일수−선납일수)÷계약기간 월수

예제

다음은 ㈜경복이 예치한 저축성예금 자료이다. 이 자료에 의하여 20×6년 3/4분기말 예·적금(금융상품) 관리대장을 작성하시오.

① 20×6년 3월 5일: 대한은행 강서지점에 3년 만기 미래정기적금에 가입하고 매월 100원씩 적립하기로 하고 1회분을 적립하다. 만기는 20×9년 3월 5일이고 약정이자율 1.9%를 복리로 계산한 만기지급액은 3,707원이다. 또한 이후 정기적금은 지연해서 적립되지 않고 매월 정상적으로 적립되었다.

② 20×6년 6월 15일: 서울은행 강동지점에 2년 만기 희망정기예금에 가입하고 10,000원을 예치하다. 만기는 20×8년 6월 15일이고 약정이자율 1.8%를 복리로 계산한 만기지급액은 10,366원이다.

③ 만기 지급액은 세금 등을 고려하지 않고 기록하는 것으로 한다.

예 · 적금(금융상품) 관리대장

(20×6년 9월 30일 현재)

담당	과장	부장	이사

(단위: 원)

구분	금융상품명	예치기관	예치금액	만기일	이자율	만기 지급액	비고
1	미래정기적금 (3년 만기)	대한은행 강서지점	700	20×9. 3.5.	1.9%	3,707	매월 100원 불입
2	희망정기예금 (2년 만기)	서울은행 강동지점	10,000	20×8 6.15.	1.8%	10,366	–
합계			10,700	–	–	14,073	

※ 만기 지급액은 세금 등을 고려하지 않은 금액임.

직무능력평가 2-1

1. 다음 (　　) 안에 알맞은 용어를 써 넣으시오.

① (　　　　)은 일정기간을 정해 놓고 매월 일정액을 적립하여 만기일에 약정금액을 일시금으로 지급받는 것을 내용으로 하는 전형적인 적립식 금융상품이다.

② (　　　　)은 우량기업이 자금조달을 위해 발행하는 융통어음을 금융기관이 할인 매입하여 다시 고객들에게 판매하는 금융상품이다.

③ (　　　　)은 금융기관이 고객으로부터 금전을 신탁재산으로 예탁받아 이를 대출이나 증권 등으로 운영하여 일정기간 후에 원금과 수익을 고객에게 돌려주는 금융상품이다.

④ (　　　　)은 정해진 기간 동안 일정금액을 모으기 위한 예금으로 요구불예금에 비해 상대적으로 높은 이자가 발생하며 정기예금, 정기적금 등이 있다.

| 풀이 |

① (　　　　　), ② (　　　　　), ③ (　　　　　), ④ (　　　　　)

2. 다음은 ㈜경동이 예치한 저축성예금 자료이다. 이 자료에 의하여 20×6년 2/4분기말 예・적금(금융상품) 관리대장을 작성하시오.

① 20×6년 2월 18일: 한성은행 북부지점에 3년 만기 하나정기예금에 가입하고 5,000원을 예치하다. 만기는 20×9년 2월 18일이고 약정이자율 1.6%를 복리로 계산한 만기지급액은 5,246원이다.

② 20×6년 5월 7일: 고려은행 남부지점에 2년 만기 자유정기적금에 가입하고 매월 200원씩 적립하기로 하고 1회분을 적립하다. 만기는 20×8년 5월 7일이고 약정이자율 1.7%를 복리로 계산한 만기지급액은 4,886원이다. 또한 이후 정기적금은 지연해서 적립되지 않고 매월 정상적으로 적립되었다

③ 만기 지급액은 세금 등을 고려하지 않고 기록하는 것으로 한다.

| 풀이 |

담당	과장	부장	이사

예・적금(금융상품) 관리대장

(20×6년 월 일 현재)

(단위: 원)

구분	금융상품명	예치기관	예치금액	만기일	이자율	만기 지급액	비고
1							
2							
합계				–	–		

※ 만기 지급액은 세금 등을 고려하지 않은 금액임.

2.2 예치기관별 종류별 구분 · 관리수행준거

학습목표(수행준거)

자금운용을 위한 예 · 적금 계좌를 예치기관별 · 종류별로 구분 · 관리할 수 있다.

(1) 금융(예치)기관의 의의

예금 등으로 자금을 조달하여 기업이나 개인 등에게 대부하거나 증권투자 등을 하는 기관을 통틀어 하는 말이다. 은행, 신탁회사, 보험회사, 농협, 증권회사, 저축은행 등이 여기에 해당한다.

(2) 금융(예치)기관의 종류

1) 제1금융권(은행)

제1금융권은 일반적으로 은행을 의미한다. 은행에는 시중은행(우리은행 등), 지방은행(부산은행 등), 특수은행(산업은행 등), 농업협동조합의 신용부문, 수산업협동조합의 신용부문 등이 포함된다.

① 시중은행

전국을 대상으로 영업을 한다. 시중은행으로는 국민은행, 신한은행, 우리은행, 하나은행, 한국씨티은행 등이 있다.

② 지방은행

특정지역을 중심으로 영업을 한다. 지방은행으로는 부산은행, 광주은행, 대구은행 등이 있다.

③ 특수은행

국가의 정책목적을 달성하기 위하여 자금을 조달하고 지원하는 공금융기관이다. 특수은행으로는 한국산업은행, 한국수출입은행, 기업은행, 농업 · 수산업 협동조합중앙회 신용사업부문 등이 있다.

2) 제2금융권

은행을 제외한 모든 금융회사를 의미한다. 제2금융권은 '비은행예금취급기관', '비은행금융기관'이라고도 한다. 제1금융권에 비해 돈을 빌리기는 쉽지만 금리가 더 높다는 단점이 있다.

① 종합금융회사

주로 기업을 상대로 예금과 대출을 전문 거래하는 기업전문 금융기관이다. 해외외자 조달이나 해외투자, 국제금융업무, 리스, 유가증권, CP 등 거의 모든 금융업무를 취급하고 있다.

② 상호저축은행

도시 자영업자나 지역주민을 주요 고객으로 하는 소형 금융기관이다.

③ 신용협동기구

직장 또는 지역단위로 조합원을 모으고 조합원의 예금을 재원으로 대출하여 운영하는 금융기관이다. 새마을금고나 신용협동조합이 해당된다.

④ 우체국

예금과 보험업무를 취급한다. 농어촌 및 도시의 소액 가계저축 예금을 주로 취급한다. 국영금융기관이기 때문에 다른 금융기관과 달리 모든 예금을 보호해 주는 장점이 있다.

⑤ 금융투자업자

증권거래에 관련된 금융서비스를 제공하는 금융기관으로서 자산운용사와 증권회사 등이 있다. 자산운용사는 여러 투자자가 맡긴 돈(펀드)으로 투자하여 운영수익을 배당하고 수수료를 받는다. 증권회사는 증권의 발행을 주선하고 발행된 증권의 거래를 통해 수수료를 받는다.

⑥ 보험사

보험계약자를 상대로 보험료를 받아 운용하면서 산업자본을 공급하고 보험계약자의 사고 시 보험금을 지급하는 업무를 취급한다. 보험사는 사람의 생명과 생존에 대한 보험을 취급하는 생명보험사와 그 외의 것을 대상으로 하는 손해보험사가 있다.

보충설명

• 금융

금융이란 이자를 받고 자금을 융통하여 주는 것을 말한다. 즉 일정기간을 정하고, 앞으로 있을 원금의 상환과 이자변제에 대해 상대방을 신용하여 자금을 이전하는 것을 말한다.

• 예치

예치란 일정한 계약에 의해 무언가를 '맡겨둔다'를 뜻한다. 금융거래에서는 돈을 맡기는 것을 뜻하기 때문에 '예금'으로 순화된다.

• 보험

갑자기 발생하는 사고로 인한 손실에 대비하거나 경제적 필요를 충족시키기 위하여 다수의 경제 주체가 미리 공동기금을 구성하여 두고, 재난을 당했을 때 이를 지급함으로써 개별 피해자의 부담을 덜어주는 상호부조 성격의 경제제도를 말한다.

• 금융투자업자의 종류

- 자산운용사: 일반 투자자로부터 조달된 자금을 주식이나 채권등의 금융상품에 투자하여 운용수익을 배당하는 회사를 의미한다. 미래에셋자산운용, 한국투자신탁운용, 삼성자산운용 등이 있다.
- 증권사: 유가증권의 인수, 매출, 모집, 매출의 주선과 같은 발행시장업무와 유가증권의 자기매매업무와 위탁매매업무 등의 유통시장업무를 취급한다.

• 제3금융권

공식적으로는 존재하지 않는 제도권 밖에 위치한 사금융권으로, 소형대부업체나 사채업체를 의미한다. 이들은 금융위원회에 등록하지 않아도 영업이 가능하다. 다만, 자산규모 120억원 이상의 대부업체는 금융위원회에 등록을 하고 관리감독을 받아야 하므로 금융기관으로 간주된다.

(3) 금융보조기관

금융을 보조해 주는 기관으로 신용보증기관, 신용평가회사, 예금보험공사, 한국자산관리공사, 한국수출보험공사, 금융결제원, 한국거래소 등이 있다.

직무능력평가 2-2

다음 ( ) 안에 알맞은 용어를 써 넣으시오.

① ( )은 전국을 대상으로 영업을 한다. ( )으로는 국민은행, 신한은행, 우리은행, 하나은행, 한국씨티은행 등이 있다.

② ( )은 국가의 정책목적을 달성하기 위하여 자금을 조달하고 지원하는 공금융기관이다. 한국산업은행, 한국수출입은행, 기업은행, 농업·수산업 협동조합중앙회 신용사업부문 등이 있다.

③ ( )는 주로 기업을 상대로 예금과 대출을 전문 거래하는 기업전문 금융기관이다. 해외외자조달이나 해외투자, 국제금융업무, 리스, 유가증권, CP 등 거의 모든 금융업무를 취급하고 있다.

④ ( )는 증권거래에 관련된 금융서비스를 제공하는 금융기관으로서 자산운용사와 증권회사 등이 있다. 자산운용사는 여러 투자자가 맡긴 돈(펀드)으로 투자하여 운영수익을 배당하고 수수료를 받는다. 증권회사는 증권의 발행을 주선하고 발행된 증권의 거래를 통해 수수료를 받는다.

| 풀이 |

① ( ), ( ), ② ( ), ③ ( ), ④ ( )

2.3 은행잔고 대조와 확인수행준거

학습목표(수행준거)

은행업무시간 종료 후 회계관련 규정에 따라 은행잔고를 대조 확인할 수 있다.

(1) 인터넷뱅킹에 의한 잔고 확인방법

1) 인터넷뱅킹의 의의

은행에 가지 않고 컴퓨터나 스마트폰을 이용하여 잔고 또는 거래내역 조회, 자금이체, 분실신고, 상담 등 각종 금융서비스와 관련된 업무처리를 하는 것을 말한다. 인터넷뱅킹을 이용하기 위해서는 공인인증기관이 발행한 공인인증서가 있어야 한다.

2) 인터넷뱅킹에 의한 잔고 확인방법

① 전자금융거래 전에 전자금융서비스를 위한 씨크리트(보안)카드(OTP 포함)※를 거래은행으로부터 받는다.

② 이미 받은 공인인증서를 등록하거나, 공인인증서를 거래은행 홈페이지를 통해서 발급받는다.

③ 공인인증서에 인증서비밀번호를 입력하고 인터넷뱅킹의 거래화면을 활성화시킨다.

④ 거래은행의 인터넷뱅킹 화면의 지시에 따라 잔고 확인을 한다.

※ 씨크리트(보안)카드는 조회 시에는 필요가 없고 자금이체 시 등에만 사용한다.

보충설명

- **전자금융(인터넷뱅킹 · 텔레뱅킹 · ATM) 이용 시 제출서류**

텔레뱅킹을 이용하고자 할 경우, 이용신청서 외에 다음의 서류를 추가로 제출해야 한다.

구분	본인 신청 시	대리인 신청 시
개인 (개인기업 포함)	• 실명확인증표 • 사업자등록증(개인기업만 해당)	• 원칙적으로 대리인 신청 안됨 (미성년자는 법정대리인 신청가능)
법인 (임의단체 포함)	• 거래통장 또는 현금카드 • 대표자 실명확인증표 • 사업자등록증 • 법인등기부등본 • 법인인감증명서 • 법인인감	• 거래통장 또는 현금카드 • 대리인 실명확인증표 • 사업자등록증 • 법인등기부등본 • 법인인감증명서 • 법인인감 • 위임장

- **OTP(One Time Password)**

전자금융거래의 인증을 위하여 이용고객에게 제공되는 일회용 비밀번호 생성 보안매체를 말한다. OTP발생기의 비밀번호 생성은 6자리 숫자가 1분 단위로 자동 변경되어 보여주며, 고객은 전자금융 이용 시 해당숫자를 씨크리트(보안)카드 비밀번호 대신 입력하도록 하는 서비스이다. 따라서 씨크리트(보안)카드 서비스보다 더 안전하므로 자금이체 금액이 큰 기업의 경우에는 OTP를 사용한다.

- **공인인증서**

공인인증서는 정부에서 인정한 공인인증기관이 발행하는 법적으로 효력을 지니고 있는 인증서로써 인터넷뱅킹 외에도 각종 계약과 신청, 거래 등에 이용한다. 즉 전자상으로 거래를 할 때 신원을 확인하고, 문서의 위조와 변조, 거래 사실의 부인 방지 등을 목적으로 공인인증기관이 발행하는 전자적 정보로서, 일종의 사이버 거래용 인감증명서를 말한다. 공인인증서는 용도제한용(은행, 증권사)과 범용공인인증서로 나누어진다. 범용공인증서가 사용범위에 제한이 없어 좋으나, 용도제한용은 발급수수료가 무료지만 범용은 발급수수료가 발생한다.

(2) 텔레뱅킹(ARS)에 의한 잔고 확인방법

1) 텔레뱅킹의 의의

텔레뱅킹이란 은행에 직접가지 않고 전화로 은행잔고 확인뿐만 아니라 계좌이체, 사고신고, 지로 및 공과금납부 등의 은행과 관계된 업무를 처리하는 것을 말한다.

은행잔고 확인과 분실신고 등은 거래은행에 별도의 신청절차 없이 가능하다. 그러나 자금이체 등과 같은 중요한 거래는 사전에 이용신청서를 제출하고 이용해야 한다.

2) 텔레뱅킹에 의한 잔고 확인방법

① 거래은행의 대표전화번호(통장 첫 페이지 표시 15**-****)에 전화를 걸어 안내에 따라 번호를 입력하고 잔액을 확인한다.
② 은행잔고 확인 시 계좌번호, 통장비밀번호, 사업자등록번호를 입력하여야 한다.

(3) 직접 방문에 의한 잔고 확인방법

거래은행을 직접 방문하여 직원을 통해 통장을 정리하여 확인하거나 ATM(현금자동입출금기, Automated Teller Machine)을 통해 잔액을 확인을 할 수 있다.

직무능력평가 2-3

다음 (　　) 안에 알맞은 용어를 써 넣으시오.

① 전자금융거래 전에 전자금융서비스를 위한 (　　　　)를 거래은행으로부터 받는다.
② (　　　　)는 정부에서 인정한 공인인증기관이 발행하는 법적으로 효력을 지니고 있는 인증서로써 인터넷뱅킹뿐만 아닌 각종 계약과 신청, 거래 등에 이용한다.
③ (　　　　)이란 은행에 직접 가지 않고 전화로 은행잔고 확인뿐만 아니라 계좌이체, 사고신고, 지로 및 공과금납부 등의 은행과 관계된 업무를 처리하는 것을 말한다.

| 풀이 |

① (　　　　　), ② (　　　　　), ③ (　　　　　)

2.4 은행잔고 차이의 원인 규명수행준거

학습목표(수행준거)

은행잔고의 차이 발생 시 그 원인을 규명할 수 있다.

(1) 은행(예금)잔고 차이의 원인과 조정

회사의 당좌예금 잔액과 은행의 당좌계정 잔액은 서로 일치하는 것이 원칙이지만 오류 등 여러 가지 이유로 인해 일치하지 않는 경우가 있다. 특히 은행과 회사가 서로 다른 시점에 입·출금을 기록하여 발생하는 차이도 있다. 이러한 차이의 원인을 규명하고 차이를 조정하기 위해 은행계정조정표를 작성한다. 은행계정조정표를 작성하는 방법은 세 가지가 있으나 회사측과 은행측 모두의 잔액을 조정하여 일치시키는 방법이 일반적으로 사용되고 있다.

(2) 은행계정조정표 작성

회사는 매월 말 은행측의 당좌예금 잔액과 회사측의 당좌예금 잔액에 차이가 있는지를 파악하고, 차이가 있다면 다음과 같이 불일치원인을 파악하고 은행계정조정표를 작성한다. 이러한 방법을 통해 당좌예금의 입금과 출금에 대한 내부통제를 강화할 수 있다. 은행계정조정표의 작성 시, 조정 전 은행측의 잔액은 은행으로부터 해당계좌의 잔고증명서(잔액증명서)를 발행하여 확인하고, 조정 전 회사의 당좌예금 잔액은 총계정원장의 당좌예금 잔액을 확인한다.

구분	불일치원인	조정방법
은행조정사항	은행 미기록 예금	은행잔액 (+)
	기발행 미인출 수표	은행잔액 (−)
	은행측 기타 기록의 오류	은행잔액 (±)

회사조정사항	무통장입금(회사 미확인)	회사잔액 (+)
	수수료비용 등의 이체 차감(회사 미확인)	회사잔액 (−)
	부도수표	회사잔액 (−)
	회사측 기타 기록의 오류	회사잔액 (±)

※ 차이가 발생했으나 회사가 회계기준에 따라 처리한 경우에는 은행측 잔액을 조정한다.

예제

성남상사의 201×년 10월 31일 현재 총계정원장의 '당좌예금'계정 잔액은 329,000원이고 은행에서 발행된 예금잔액증명서는 450,000원이다. 불일치의 원인이 다음과 같을 때 은행계정조정표를 작성하시오.

(1) 이미 발행한 수표로서 은행측에서 수표소지인이 아직 제시(지급청구)하지 않아 미지급한 매입처 수원상사앞 발행수표 126,000원이 있다.
(2) 10월 31일 오후에 은행에 당좌예입하여 장부에 기록했으나 은행에서는 다음 날 예입된 것으로 처리한 것이 90,000원이 있다.
(3) 안산상사로부터 외상매출대금 58,000원이 거래은행의 당점 당좌예금계좌로 입금되었으나 당점에 통지가 미달되었다.
(4) 당좌예입한 30,000원이 장부상에 3,000원으로 잘못 기장되었다.

| 풀이 |

은행계정조정표

(단위: 원)

은행잔액증명서 잔액	450,000	당사 당좌예금계정 잔액	329,000
차감: 발행수표 미지급분	126,000	가산: 당좌예금 통지미달	58,000
가산: 예입금액 미정리	90,000	가산: 당좌예입금액 오기액	27,000
조정 후 잔액	414,000	조정 후 잔액	414,000

※ 회사측 조정사항에 대해서는 분개를 해서 총계정원장 '당좌예금'계정을 수정한다.

〈당좌예금 통지 미달 분개〉

(차) 당좌예금	58,000	(대) 외상매출금	58,000

〈당좌예입금액 오기액 분개〉

(차) 당좌예금	27,000	(대) 현금	27,000

직무능력평가 2-4

1. 과천상사의 201×년 11월 30일 현재 총계정원장의 '당좌예금'계정 잔액은 356,000원이고 은행에서 발행된 예금잔액증명서는 380,000원이다. 불일치의 원인이 다음과 같을 때 은행계정조정표를 작성하시오.

(1) 이미 발행한 수표로서 은행측에서 수표소지인이 아직 제시(지급청구)하지 않아 미지급한 매입처 수원상사앞 발행수표 80,000원이 있다.

(2) 11월 30일 오후에 은행에 당좌예입하여 장부에 기록했으나 은행에서는 다음 날 예입된 것으로 처리한 것이 73,000원이 있다.

(3) 수원상사로부터 외상매출대금 62,000원이 거래은행의 당점 당좌예금계좌로 입금되었으나 당점에 통지가 미달되었다.

(4) 당좌예입한 5,000원이 장부상에 50,000원으로 잘못 기장되었다.

| 풀이 |

은행계정조정표

(단위: 원)

은행잔액증명서 잔액		당사 당좌예금계정 잔액	
차감: 발행수표 미지급분		가산: 당좌예금 통지미달	
가산: 예입금액 미정리		차감: 당좌예입금액 오기액	
조정 후 잔액		조정 후 잔액	

※ 회사측 조정사항에 대해서는 분개를 해서 총계정원장 '당좌예금'계정을 수정한다.

〈당좌예금 통지 미달 분개〉

(차)	(대)

〈당좌예입금액 오기액 분개〉

(차)	(대)

Chapter 03

법인카드 관리능력단위요소

법인카드 관리하기(능력단위요소)를 위해 필요한 지식, 기술, 태도

구분	필요사항
지식	• 법인카드 관련 금융거래 매뉴얼 • 법인카드 관리대장 작성 방법
기술	• 법인카드 관리 능력
태도	• 법인카드 관리 규정을 준수하는 태도 • 법인카드 관리에 대한 정확성

능력단위요소	수행준거(학습목표)
3. 법인카드 관리하기	3.1 회계관련 규정에 따라 금융기관으로부터 법인카드를 발급 · 해지할 수 있다. 3.2 회계관련 규정에 따라 법인카드 관리대장을 작성 · 관리할 수 있다. 3.3 법인카드의 사용범위를 파악하고 결제일 이전에 대금이 정산될 수 있도록 회계처리할 수 있다.

3.1 법인카드의 발급 · 해지 수행준거

학습목표(수행준거)

회계관련 규정에 따라 금융기관으로부터 법인카드를 발급 · 해지할 수 있다.

(1) 법인(신용)카드의 의의 및 기능

1) 법인(신용)카드의 의의

법인의 명의로 발급할 수 있는 카드는 크게 신용카드와 직불카드, 체크카드로 구분할 수 있다. 신용카드란 신용을 담보로 이를 소지한 회원이 상품이나 용역을 현금의 즉시 지불 없이 신용공여기간 동안 외상으로 구입할 수 있는 증표이다. 반면, 직불카드와 체크카드는 상품 등의 구입을 예금잔액 범위 내에서만 할 수 있다. 따라서 신용공여기능이 없기 때문에 분실과 도난 등에 의한 제3자 부정사용에 대한 안전성이 신용카드에 비해 상대적으로 미흡하다. 이러한 이유로 법인은 대부분의 경우 법인카드를 신용카드 형태로 발급하여 사용하고 있고 법인카드라 하면 법인신용카드를 일반적으로 지칭하고 있다.

법인(기업)카드의 이용자에 따른 분류

구분	기업공용카드	기업개별카드	개인형기업카드
사용자	임직원 공동사용	지정된 임직원 사용	
발급심사방법	카드발급사의 기업회원 자격 및 적용기준을 적용하여 심사		
결제계좌	기업결제계좌(개인사업자는 개인결제계좌)		개인결제계좌
결제책임	기업		1차: 사용자, 2차: 기업

보충설명

- **기업공용카드(무기명식 기업카드)**

기업이 특정한 이용자를 지정하지 않고 해당 기업의 임직원이면 누구나 사용할 수 있는 카드이다. 카드 실물에 특정 사용자가 표기되어 있지 않고 기업체의 명칭이 영문으로 표기되어 있다.

공용카드는 카드의 서명란에는 기업명이 기재되어 있으나, 카드 사용 시 매출전표에는 사용자의 서명을 기재해야 한다.

• 기업개별카드(사용자지정카드)
기업이 특정 이용자를 지정한 카드이다. 즉 임직원 중 카드에 사용자의 영문이 기재된 자에 한해 사용할 수 있는 카드이다.

• 개인형기업카드
기업의 신용이 부족할 경우 등의 사유로 기업 임직원 개인의 신용과 해당 기업이 연대보증하는 형태로 발급되는 카드이다. 이 카드는 지정된 이용자만 사용하며 임직원 개인명의 결제계좌를 지정하여 발급한다. 따라서 이용결제에 대한 책임은 1차적으로 임직원이 부담하고 2차적으로 기업이 연대채무를 부담한다. 이 신용카드는 법인명과 개인명의가 함께 기재하여 발급된다.

• 직불형기업카드
결제계좌 잔액 범위 내에서 이용 가능한 기업카드로 국내외에서 이용이 가능하고 신용카드기능은 없는 카드이다. 직불형기업카드(직불가맹점 사용)에는 카드사용가맹점의 범위에 따라 구체적으로 직불카드와 체크가드(신용카드가맹점 사용가능)로 구분할 수 있으나, 모두 신용카드 기능은 없다.

• 하이브리드(체크)카드
체크카드와 신용결제방식이 혼합된 겸용카드이다. 계좌 잔액범위 내에서는 체크카드로 결제되고 잔액이 없으면 소액의 범위 내에서 신용카드로 결제되는 카드이다.

• 선불카드
카드 사용자가 일정금액을 미리 지급하고 일정금액이 기록된 카드를 발급받아 그 범위 내에서 사용하는 카드이다. 즉 선불카드는 누구든지 구입하여 해당 신용카드 가맹점에서 사용하면 된다.

2) 법인신용카드 사용의 장점

장점	내용
대금지급 수단의 간편화	• 현금소지로 인한 휴대의 불편 및 도난·분실 등의 위험부담이 축소된다.
경비절감	• 경비지출 과정의 번거로운 현금 준비절차가 필요없어 경비지출이 간소화된다. • 거래업체 간 발생하는 거래대금 결제방법 개선으로 인력 및 비용이 절감된다.
세제상 혜택	• 1회의 접대비 지출금액이 1만원을 초과하는 경우에는 신용카드(세금계산서, 계산서 포함) 사용 시에만 손비로 인정받을 수 있다. • 신용카드 거래분에 대해서는 관할 세무서에 접대비 지출명세서를 별도로 제출할 필요가 없다.

	• 국세청에서는 접대비 총액 중 신용카드 거래비율을 기업체 성실도 평가지표에 반영하므로 접대비 정밀조사, 법인세 조사 등 세무조사를 면제받을 수 있다.
재무관련 업무처리 개선효과	• 기업체 재무담당자의 예산지출에 따른 증빙자료 준비 및 지출확인 내역 확인 등 수반되는 다수의 행정처리 업무를 신용카드 매출전표 영수증 및 이용대금명세서 등의 자료를 활용하여 간편하게 정리할 수 있다.
신용구매 및 할부를 통한 금융 이용효과	• 접대비 또는 물품거래 대금 등 각종 경비집행 시 법인카드를 사용하면 대금지불유예에 따른 기회이익으로 효율적인 자금운영을 할 수 있다.
카드사를 통한 다양한 정보습득 및 부가서비스 혜택	• 카드사를 통해 기업운영에 도움이 되는 다양한 정보와 서비스를 제공받을 수 있다. • 이용금액에 대해 포인트 적립으로 큰 금액은 아니지만 수익이 발생한다.

3) 법인카드 규정

법인카드를 발급받아 사용하는 기업에서는 임직원에게 법인카드의 올바른 사용방법을 제시할 필요가 있다. 따라서 기업은 법인(신용)카드 관리 규정을 제정하여 법인카드의 부당한 사용을 막고, 부당사용에 대한 책임소재를 분명히 하기 위해 법인카드의 발급과 해지, 사용과 관리를 체계적으로 할 수 있도록 해야 한다.

〈예시〉 법인(신용) 카드 관리 규정

제1조 【목적】

이 규정은 ㈜서울 명의의 법인카드 발급, 사용, 정산, 분실 및 폐기에 대한 제반 기준을 정함을 목적으로 한다.

제2조 【발급 대상, 절차 및 반납】

1. 법인카드의 발급은 법인카드 관리자 책임하에 지정된 법인카드 담당자가 하여야 한다(법인카드 관리자: 자금담당 사원).
2. 당연발급을 제외하고 법인카드 발급이 필요한 경우 업무 협조전을 통해 총무팀에 신청하여야 한다.
   - 당연발급: 간부사원

- 심사발급: 간부사원 이하 일반 사원(업무 특성상 필요하다고 인정될 경우)

3. 법인카드 담당자는 법인카드 발급 시 인수증 및 관리대장을 기록・유지・관리하여야 한다.
   - 당사자 직접 수령을 원칙으로 하며, 등기우편이나 대리 수령 가능(우편물 이용 불가)
4. 퇴사 및 당연발급 사유가 소멸된 경우에는 법인카드를 법인카드 관리자에게 즉시 반납하여야 한다.

제3조 【사용 지침】

1. 법인카드는 반드시 업무와 관련되어 사용되어야 한다. 특히, 휴일(주말과 법정 공휴일) 및 업무와 무관하다고 판단되는 부당 사용의 경우에는 법인카드를 사용해서는 안 된다. 다만, 업무와의 관련성이 명백한 경우에는 정산 시 업무 관련성을 입증하는 증빙을 제출하여야 한다.

   〈부당사용 사례〉
   - 업무와 무관한 유흥 목적 사용 및 위장 가맹점에서의 사용
   - 업무와 무관한 사적 사용(휴일 사용)
   - 미용실, 화장품 구입, 사우나 등 업무와 무관하다고 판단되는 업종에서의 사용
2. 법인카드를 개인적인 용도로 사용한 후, 이용대금을 입금하는 행위는 원칙적으로 금지한다.
3. 법인카드 사용 후 카드 전표에 서명할 때는 카드 뒷면의 서명과 동일하게 서명하여야 한다(법인카드 수령 시, 카드 뒷면에 회사명 반드시 기재).
4. 법인카드 사용은 예산을 초과하여 사용할 수 없다. 단, 각 부서 예산을 초과하여 사용하는 경우에는 추가 예산을 신청하여야 한다.

제4조 【정산】

1. 법인카드는 반드시 사용한 날이 속하는 해당월에 정산하여야 한다.
2. 법인카드 사용자는 부서의 정산 담당자에게 사용한 카드 전표를 제출하고, 각 정산 담당자는 회계전표 작성 후, 관련 증빙과 함께 대표이사 결재를 받아야 한다.
3. 자금 담당사원은 계정 과목의 적정성, 휴일 사용분 등의 업무 관련성 및 매입 부가가치세 환급 여부를 검토하여야 한다.

제5조 【분실 신고 및 폐기】

1. 법인카드를 분실한 자는 그 즉시 해당 카드사로 분실신고를 접수하여야 한다.
2. 분실 신고 후 분실자는 총무팀 담당 사원에게 다음의 내역을 기재하여 그 즉시 대표이사에게 통보하여야 한다.
   - 분실 신고 일시 및 접수번호
   - 법인카드 번호, 분실 전 마지막 사용내역, 분실사유 등
3. 총무팀 카드업무 담당 사원은 분실된 법인카드의 마지막 사용내역에 대해 카드사에 확인하여야 한다.
4. 유효기간이 만료된 카드 및 훼손 카드는 법인카드 소유자가 직접 폐기한 후, 폐기 확인서를 총무팀 담당 사원 및 대표이사에게 송부하여야 한다.

제6조 【법인카드 사용 감시 및 제재】

1. 사용내역 모니터링
   - 모니터링 내용: 법인카드 부당 사용내역 등
   - 모니터링 담당자: 총무팀 카드 담당 사원
   - 모니터링 결과 보고: 지침 위반 사용 여부 등을 확인한 후 그 결과를 대표이사에게 월 1회 보고한다.
2. 법인카드 사용지침을 3회 이상 위반한 자는 법인카드를 회수한다.

제7조 【시행일】

본 규정은 20×6년 3월 1일부터 시행한다.

(2) 법인카드 발급과 해지 신청

회사 내의 신용카드 발급 수요를 파악하여 거래은행 또는 발급을 희망하는 신용카드 취급은행에 직접 방문하거나 카드사 홈페이지, 여신금융협회에 등록한 모집인을 통하여 다음과 같은 서류를 갖추어 기업카드회원신청서를 작성하여 신청한다.

카드해지는 개인카드가 인터넷이나 전화로 간단히 해지사유를 제시하고 해지할 수 있지만, 법인카드는 인터넷이나 전화로 해지가 되지 않기 때문에 직접 방문해서 해지를 하여야 한다.

해지 시 주의할 점은 해지가 카드에 미납금이 있다거나, 할부 개월이 아직 남아 있으면 해지를 할 수 없다. 따라서 이를 확인한 다음 해지신청을 하여야 한다.

〈법인카드 가입 시 제출서류〉

① 카드발급신청서(기업카드 회원가입신청서)

② 사업자등록증 사본

③ 법인인감증명서: 개인기업체는 생략

④ 법인등기부등본: 개인기업체는 생략

⑤ 결산재무제표: 최근 2기분(신설업체는 생략가능)

〈대리인 위임 시 추가서류〉

① 위임장

② 대리인 신분증

직무능력평가 3-1

다음 (　) 안에 알맞은 용어를 써 넣으시오.

① 법인의 명의로 발급할 수 있는 카드는 크게 신용카드와 직불카드, 체크카드로 구분할 수 있다. (　　)란 신용을 담보로 이를 소지한 회원이 상품이나 용역을 현금의 즉시 지불 없이 신용공여기간 동안 외상으로 구입할 수 있는 증표이다.

② (　　)는 기업이 특정한 이용자를 지정하지 않고 해당 기업의 임직원이면 누구나 사용할 수 있는 카드이다. 카드 실물에 특정 사용자가 표기되어 있지 않고 기업체의 명칭이 영문으로 표기되어 있다. 공용카드는 카드의 서명란에는 기업명이 기재되어 있으나, 카드 사용 시 매출전표에는 사용자의 서명을 기재해야 한다.

③ (　　)는 기업이 특정 이용자를 지정한 카드이다. 즉 임직원 중 카드에 사용자의 영문이 기재된 자에 한해 사용할 수 있는 카드이다.

| 풀이 |

① (　　), ② (　　), ③ (　　)

3.2 법인카드 관리대장의 작성 · 관리수행준거

학습목표(수행준거)

회계관련 규정에 따라 법인카드 관리대장을 작성·관리할 수 있다.

(1) 법인카드 관리대장 작성 · 관리

1) 법인카드 관리대장의 의의

법인카드의 효율적인 관리를 위해 법인카드 관리대장을 만들어 발급된 카드의 카드사, 카드번호, 명의자, 사용부서, 이용한도 금액, 관리자, 사용 여부, 유효기간 등을 관리한다.

2) 법인카드 관리대장 작성방법

법인카드 사용의 책임을 사전에 통제하고 분실이나 도난 시에 대처하기 위해 법인카드 관리대장을 작성하여 관리한다. 법인카드 관리대장의 작성방법은 다음과 같다.

〈법인카드 관리대장 작성방법〉

① 순번: 발급일자 순으로 일련번호를 부여해서 기록한다.
② 카드사: 카드를 발급한 카드사 명칭을 기록한다.
③ 카드번호: 발급된 법인카드의 카드번호를 기록한다.
④ 명의자 또는 사용자: 법인카드에 앞면에 기록된 명의자나 공용카드의 경우 실제 사용자를 기록하고 법인카드 교부 시 서명도 받는다.
⑤ 한도금액: 법인카드의 사용 한도액을 기록한다.
⑥ 관리자: 법인카드의 사용자 배부와 사용액을 관리·통제할 사람을 기록한다.
⑦ 사용여부: 최종 조사된 현재 시점에서의 법인카드 사용 여부를 기록한다.
⑧ 유효기간: 법인카드 앞면에 표시된 유효기한을 기록한다.
⑨ 비고: 그 밖에 결재권자가 참고할 사항을 기록한다.

예제

다음 자료에 의하여 법인카드 관리대장을 작성하시오.

(1) 20×6년 3월 12일 사용자 교부 법인카드 자료

카드사	카드번호	명의자 (또는 사용자)	사용부서	한도금액	관리자	사용여부	유효기한
국민	2114-1245- 5899-××××	김길동(인)	총무부	1천만원	김준석	분실	202×.8

(2) 20×6년 5월 17일 사용자 교부 법인카드 자료

사내 법인카드 사용관리자인 회계부 김준석은 영업부 요청으로 신한카드사로부터 5월 15일 발급받은 공용법인카드 카드번호 4613-5236-2776-××××(사용 한도금액 5백만원, 유효기한 202×.10)를 영업부 홍인식 사원에게 서명을 받고 교부하였다.

| 풀이 |

담당	과장	부장

법인카드 관리대장

(20×6년 5월 17일 현재)

순번	카드사	카드번호	명의자 (또는 사용자)	사용부서	한도금액	관리자	사용여부	유효기간	비고
1	국민	2114-1245- 5899-××××	김길동(인)	총무부	1천만원	김준석	분실	202×.8	
2	신한	4613-5236- 2776-××××	홍인식(인)	영업부	5백만원	김준석	사용	202×.10	

※ 기업공용카드(무기명식 기업카드)의 경우에는 카드를 지급받은 사용자를 기재한다.

(2) 법인카드 사용대장 작성 · 관리

1) 법인카드 사용대장의 의의

법인카드의 사용을 투명하게 관리하기 위해 법인카드 사용대장을 만들어 카드별로 사용일자, 사용내역과 금액, 카드수령자를 기록 · 관리한다.

2) 법인카드 사용대장의 작성방법

법인카드 관리대장과 함께 법인카드 사용의 책임을 사전에 통제하고 법인카드 사용의 적절성을 확인하기 위해 법인카드 사용대장을 작성한다. 법인카드 사용대장의 작성방법은 다음과 같다.

〈법인카드 사용대장 작성방법〉

① 순번: 사용일자 순으로 일련번호를 부여하거나, 법인카드 사용영수증 접수 순서로 일련번호를 부여한다.
② 사용일자: 법인카드 사용영수증에 표시된 사용일자를 기록한다.
③ 카드사: 법인카드 사용영수증에 표시된 카드사 명칭을 기록한다.
④ 카드번호: 법인카드 사용영수증 법인카드의 카드번호를 기록한다.
⑤ 카드 사용내용: 법인카드 사용영수증의 사용용도를 간단히 기록한다.
⑥ 사용금액: 법인카드 사용영수증에 표시된 금액(세금 포함)을 기록한다.
⑦ 부서: 법인카드를 사용한 부서를 기록한다.
⑧ 사용자: 실제 법인카드 사용자를 기록한다.
⑨ 비고: 그 밖에 결재권자가 참고할 사항을 기록한다.

예제

다음 자료에 의하여 법인카드 사용대장을 작성하시오.

(1) 회계부 김준석은 5월 14일 영업부 사원 홍인식으로부터 매출처 ㈜일성의 구매부 최○○과 판매상담을 위해 지출한 다음의 접대비 영수증을 제출받았다.

신용카드 승인전표
(고객용)

사업자번호 106-82-70×××
상호: 희망식당
전화번호: 02-406-2×××
서울 강동구 00동 000
20×6.5.13 13:30 1041-01-0023
==========================
카드종류: 신한
카드번호: 4613-5236-2776-****
유효기간: 2×/10
승인일자: 20×6.5.13
할부기간: 일시불
승인번호: 77476****
가맹번호: 724959***
승인금액: 78,000원
==========================

(2) 회계부 김준석은 5월 16일 총무부 사원 김길동으로부터 성실문구에서 문구용품을 구입한 다음의 신용카드 매출전표를 제출받았다.

매 출 전 표

카드종류		거래일자	
국민기업카드		20×6.5.15 11:20	
카드번호(CARD NO)			
2114-1245-5899-××××			
승인번호		금액 AMOUNT	78,182
30007×××			
일반	할부	부가세 V.AT	7,818
	일시불		
		봉사료 CASHBACK	
거래유형			
신용구매		합계 TOTAL	86,000
가맹점명			
성실문구			
대표자명		사업자번호	
정OO		105-81-62×××	
전화번호		가맹점번호	
02-924-6×××		000457426×××	
주소			
서울 성북구 ㅇㅇ동 ㅇㅇㅇ			

상기의 거래 내역을 확인합니다. 서명

| 풀이 |

법인카드 사용대장

담당	과장	부장

순번	사용일자	카드사	카드번호	사용처	카드 사용내용	사용금액	부서	사용자	비고
1	20×6.5.13	신한	4613-5236-2776-××××	희망식당	거래처와 식사	78,000	영업부	홍인식	
2	20×6.5.15	국민	2114-1245-5899-××××	성실문구	문구용품 구입	86,000	총무부	김길동	

| 실무상식 |

■ 공용법인카드 관리

법인카드를 부서 간 또는 부서 내에서 공용으로 사용할 경우 필요한 장부가 법인카드 관리대장과 법인카드 사용대장이다. 법인의 비용지출 시 법인카드를 사용해야 정규증빙 영수증으로서 비용 인정 여부에 문제가 없다. 공용카드는 카드 관리대장에 카드의 기본내용과 사용자 등을 기록하여 관리하고 법인카드 사용대장에는 지출내용 등을 기재·관리한다. 법인카드 사용대장 대신에 해당 월의 카드명세서를 첨부하여 '책임자(사장 등)'의 결재를 받을 수도 있다. 법인카드를 보다 엄격하게 관리하기 위해서는 법인카드사용규정을 만드는 것이 좋다. 가령 특이한 사유로 지출하거나 법인카드 사용액이 건당 10만원 이상인 경우는 사용자가 별도로 승인을 득해야 한다는 것 등을 내부규정에 반영함으로써 불필요한 사용을 통제할 수 있다.

직무능력평가 3-2

1. 다음 자료에 의하여 법인카드 관리대장을 작성하시오.

(1) 20×6년 4월 23일 사용자 교부 법인카드 자료

카드사	카드번호	명의자 (또는 사용자)	사용부서	한도금액	관리자	사용여부	유효기한
하나	4512-9921- 1458-××××	김갑을(인)	생산부	5백만원	김대한	분실	202×.6

(2) 20×6년 6월19일 사용자 교부 법인카드 자료
사내 법인카드 사용관리자인 회계부 김대한은 관리부 요청으로 우리카드사로부터 6월 17일 발급받은 공용법인카드 카드번호 3652-5767-2836-××××(사용 한도금액 1천만원, 유효기한 202×.8)를 관리부 홍길동 사원에게 서명을 받고 교부하였다.

| 풀이 |

담당	과장	부장

법인카드 관리대장

(20×6년 월 일 현재)

순번	카드사	카드번호	명의자 (또는 사용자)	사용부서	한도금액	관리자	사용여부	유효기간	비고
1									
2									

※ 기업공용카드(무기명식 기업카드)의 경우에는 카드를 지급받은 사용자를 기재한다.

2. 다음 자료에 의하여 법인카드 사용대장을 작성하시오.

(1) 회계부 김대한은 7월 19일 생산부 사원 김갑을로부터 생산부 직원 단합을 위해 지출한 다음의 회식비 신용카드 매출전표를 제출받았다.

매출전표

카드종류	거래일자
하나기업카드	20×6.7.18 20:15
카드번호(CARD NO)	
4512-9921-1458-××××	

승인번호	금액 AMOUNT	88,182
40026×××	부가세 V.AT	8,818
일반 / 할부: 일시불	봉사료 CASHBACK	
거래유형: 신용구매	합계 TOTAL	97,000

가맹점명	
성공식당	
대표자명	사업자번호
한○○	106-82-36×××
전화번호	가맹점번호
02-924-8×××	000536475×××
주소	
서울 성북구 ○○동 ○○○	

상기의 거래 내역를 확인합니다. 서명

(2) 회계부 김대한은 8월 25일 관리부 사원 홍길동으로부터 열정문구에서 계산기를 구입한 다음의 신용카드 영수증을 제출받았다.

신용카드 승인전표
(고객용)

사업자번호 106-82-94×××
상호: 열정문구
전화번호: 02-403-7×××
서울 강동구 OO동 OOO
20×6.8.24 13:30 1041-01-0023
==========================
카드종류: 우리
카드번호: 3652-5767-2836-××××
유효기간: 2×/10
승인일자: 20×6.8.24
할부기간: 일시불
승인번호: 89674×××
가맹번호: 959427×××
승인금액: 30,000원
==========================

| 풀이 |

담당	과장	부장

법인카드 사용대장

순번	사용일자	카드사	카드번호	사용처	카드 사용내용	사용금액	부서	사용자	비고
1									
2									

3.3 법인카드 사용대금의 정산 수행준거

학습목표(수행준거)

법인카드의 사용범위를 파악하고 결제일 이전에 대금이 정산될 수 있도록 회계처리할 수 있다.

(1) 법인카드 사용범위 확인

1) 법인카드 사용범위 확인의 의의

법인 및 개인사업자는 비용 중 많은 부분을 (신용)카드를 이용하여 지출한다. 이러한 카드를 통한 비용지출은 사업과 연관성이 있는 경우에만 세무상 비용으로 인정받는다. 따라서 각 기업은 '법인(신용)카드 관리규정'을 제정하여 사용범위를 명확히 하여 사업과 무관한 사용을 제한하고 있다.

2) 법인카드의 사용범위와 사용제한

법인카드의 사용범위는 업무와 관련성이 있다는 것을 증명할 수 있다면 그 사용을 제한받지 않는다. 다만, 부당사용과 도덕적 해이를 예방하고자 공공기관 직원들에게 요구하는 클린카드 제도를 기업이 자체적으로 준용하는 경우가 있다. 이 경우 법인카드의 사용을 다음과 같이 크게 ① 사용용도, ② 사용시기, ③ 사용장소(업종) 3가지로 제한한다.

법인카드 사용제한 내용

구분	사용용도	사용시기	사용장소(업종)
제한내용	업무무관 사용 (개인적인 사용)	심야시간, 주말, 공휴일	유흥업종, 위생업종, 레저업종, 사행업종 등
비고	업무무관 사용 시 사용자의 소득(상여, 배당)으로 계산하여 소득세 증가	사용을 가급적 제한하고 부득이한 경우, 내부 사전결재와 객관적 증빙을 확보하면 사용가능	

※ 사용장소의 경우 세무상 비용인정 시 임직원 주소지 주변 사용빈도도 고려될 수 있다.

보충설명 ∘ 클린카드

클린카드란 공공기관 직원들이 불건전 업소를 이용하는 것을 원칙적으로 봉쇄할 목적으로 만들어진 법인카드를 말한다. 즉 사적인 용도나 불법적인 업소에서 카드 사용을 제한하는 것으로서, 금지하는 업종 또는 업태를 결정하여 클린카드 BIN번호로 카드승인 블록을 걸어 사용을 제한하고 있다.

〈클린카드 사용 의무적 제한업종〉

① 유흥업종: 룸살롱, 유흥주점, 단란주점, 나이트클럽
② 위생업종: 이미용실, 피부미용실, 사우나, 안마시술소 등 대인서비스
③ 레저업종: 실내 · 외 골프장, 노래방, 사교춤, 전화방, 비디오방
④ 사행업종: 카지노, 복권방, 오락실
⑤ 기타업종: 성인용품점, 총포류 판매

(2) 법인신용카드 사용대금 정산

1) 법인신용카드 사용대금과 결제일

법인신용카드 사용대금(직전 1달간 지정, 결제일에 따라 대상 기간 다름)의 매달 결제일은 기업이 선택하여 자유롭게 결정할 수 있다. 다른 결제일로 변경이 필요한 경우에는 결제일 변경 신청을 하면 된다.

2) 법인신용카드 사용대금 정산 회계처리

법인신용카드의 사용 직원으로부터 회사업무상 사용한 신용카드 매출전표를 받으면 적절한 계정과목을 사용하여 차변에 기록하고, 대변은 '미지급금'계정으로 처리하였다가 신용카드사가 해당 계좌의 결제일에 자금을 인출하였을 때 미지급금을 제거한다. 법인신용카드를 사용할 때 차변계정과목은 대부분 비용의 분류상 판매비와관리비에 해당한다. 간혹 자산으로 처리해야 할 경우도 있는데 이 경우 대부분은 소액의 비품이나 재고자산이 해당된다. 그 이유는 법인카드 사용한도로 인해서 고액의 물건을 구입할 수 없기 때문이다. 법인신용카드를 사용할 경우 자주 발생하는 계정과목들은 다음과 같다.

구분		계정과목	내용
자산	재고자산	상품	판매를 목적으로 외부에서 구입한 재화
		제품	판매를 목적으로 기업 내에서 제조한 재화
		재공품	생산공정(과정)에 있는 재화
		원재료	생산공정(과정)에 사용될 재화
		저장품	소모성 자산(소모품, 소모공구기구비품)으로 미사용 재화
	유형자산	비품	영업(생산)활동에 사용하는 컴퓨터, 가구, 복사기 등
비용	판매비와 관리비	복리후생비	급여 이외의 임·직원의 후생을 위해 지급하는 금액(식당운영비, 체육비, 직원회식비, 경조사비 등)
		임차료	부동산 등을 빌려쓰고 그 대가로 지급하는 금액
		접대비	사업상 지출되는 교제비 금액
		세금과공과	국가, 지방자치단체의 세금과 사업상 관련 단체의 회비로 지급하는 금액

	광고선전비	상품판매를 촉진하기 위해 TV, 신문 등의 매체에게 지급하는 금액
	여비교통비	버스요금, 택시요금, 시내출장비 등으로 지급하는 금액
	통신비	전화, 우편 등의 이용으로 지급하는 금액
	수도광열비	수도, 전기, 가스 등의 사용으로 지급하는 금액
	보험료	각종 보험료로 지급하는 금액
	운반비	상품 매출 시 발송비 등으로 지급하는 금액
	수선비	건물, 차량운반구, 기계장치 등의 수리비로 지급하는 금액
	소모품비	복사지, 볼펜 등 문구용품 구입하는 금액(비용처리 시)
	잡비	신문료, 잡지료 등 소액으로 지급하는 금액

예제

다음 ㈜천진의 법인신용카드의 사용내역에 의해 사용일자별로 필요한 회계처리와 결제일에 필요한 회계처리를 하시오.

① 9월 3일 인천상사로부터 생산공정(과정)에 사용될 합판 50,000원(부가가치세 별도)을 구입하고 대금은 법인신용카드를 사용하여 결제하다.

(차) 원재료	50,000	(대) 미지급금	55,000
부가가치세대급금	5,000		

② 9월 5일 생산부 직원들이 생산성 향상을 위해 회식을 하고 73,000원을 법인신용카드를 사용하여 결제하다.

(차) 복리후생비 73,000 (대) 미지급금 73,000

③ 9월 8일 영업부에서 매출처 ㈜우성의 구매부 직원과 판매상담을 위해 함께 식사를 하고 54,000원을 법인신용카드를 사용하여 결제하다.

(차) 접대비 54,000 (대) 미지급금 54,000

④ 9월 15일 회사 건물의 재산세 68,000원을 법인신용카드를 사용하여 납부하다.

(차) 세금과공과 68,000 (대) 미지급금 68,000

⑤ 9월 18일 총무부 직원이 업무상 시내출장을 하고 택시비로 23,000원이 발생하여 법인신용카드를 사용하여 대금을 결제하다.

(차) 여비교통비 23,000 (대) 미지급금 23,000

⑥ 9월 20일 영업부에서 판매홍보를 위해 홍보책자를 발송하고 우편요금으로 35,000원이 발생하여 법인신용카드를 사용하여 결제하다.

(차) 통신비 35,000 (대) 미지급금 35,000

⑦ 9월 22일 회사 건물의 1년간 화재보험료 80,000원을 법인신용카드를 사용하여 결제

하다.

(차) 보험료 80,000 (대) 미지급금 80,000

⑧ 9월 23일 상품 매출 시 상품을 매출(거래)처로 보내기 위해 화물차를 빌리고 이용요금 60,000원을 법인신용카드를 사용하여 결제하다.

(차) 운반비 60,000 (대) 미지급금 60,000

⑨ 9월 24일 생산부에서 사용 중이던 기계에 고장이 발생해서 이를 수리하고 52,000원을 법인신용카드를 사용하여 결제하다.

(차) 수선비 52,000 (대) 미지급금 52,000

⑩ 9월 25일 총무부에서 복사용지 40,000원을 구입하고 법인신용카드를 사용하여 결제하다(단, 기중 비용으로 처리한다).

(차) 소모품비 40,000 (대) 미지급금 40,000

⑪ 9월 27일 업무에 참고할 잡지 10,000원을 구입하고 법인신용카드를 사용하여 결제하다.

(차) 잡비 10,000 (대) 미지급금 10,000

⑫ 10월 23일 9월분 법인신용카드 사용대금 550,000원에 대한 결제가 결제계좌인 보통예금에서 처리되다.

(차) 미지급금 550,000 (대) 보통예금 550,000

| 실무상식 |

■ **법인카드 사용자의 영수증 분실 시 처리방법**

해당 법인카드 발급 카드사 홈페이지를 방문하여 매출전표 재발행을 클릭하여 출력해서 처리한다.

직무능력평가 3-3

다음 ㈜동방의 법인신용카드의 사용내역에 의해 사용일자별로 필요한 회계처리와 결제일에 필요한 회계처리를 하시오.

① 8월 5일 영업부에서 매출처 ㈜성도의 구매부 직원과 판매상담을 위해 함께 식사를 하고 43,000원을 법인신용카드를 사용하여 결제하다.

(차) (대)

② 8월 7일 부산상사로부터 생산공정(과정)에 사용될 섬유원단 70,000원(부가가치세 별도)을 구입하고 대금은 법인신용카드를 사용하여 결제하다.

(차) (대)

③ 8월 9일 업무에 참고할 잡지 9,000원을 구입하고 법인신용카드를 사용하여 결제하다.
(차) (대)

④ 8월 13일 총무부 직원이 업무상 시내출장을 하고 택시비로 15,000원이 발생하여 법인신용카드를 사용하여 대금을 결제하다.
(차) (대)

⑤ 8월 16일 관리부 직원들이 업무능력 향상을 위해 회식을 하고 86,000원을 법인신용카드를 사용하여 결제하다.
(차) (대)

⑥ 8월 17일 상품 매출 시 상품을 매출(거래)처로 보내기 위해 화물차를 빌리고 이용요금 50,000원을 법인신용카드를 사용하여 결제하다.
(차) (대)

⑦ 8월 21일 총무부에서 주주총회 안내 자료를 발송하고 우편요금으로 25,000원이 발생하여 법인신용카드를 사용하여 결제하다.
(차) (대)

⑧ 8월 23일 총무부에서 복사용지 20,000원을 구입하고 법인신용카드를 사용하여 결제하다(단, 기중 비용으로 처리한다).
(차) (대)

⑨ 8월 25일 회사 건물의 1년간 화재보험료 60,000원을 법인신용카드를 사용하여 결제하다.
(차) (대)

⑩ 8월 27일 생산부에서 사용 중이던 기계에 고장이 발생해서 이를 수리하고 47,000원을 법인신용카드를 사용하여 결제하다.
(차) (대)

⑪ 8월 29일 회사 건물의 환경개선부담금 28,000원을 법인신용카드를 사용하여 납부하다.
(차) (대)

⑫ 9월 23일 8월분 법인신용카드 사용대금 460,000원에 대한 결제가 결제계좌인 보통예금에서 처리되다.
(차) (대)

Chapter 04

어음 · 수표 관리 능력단위요소

어음 · 수표 관리하기(능력단위요소)를 위해 필요한 지식, 기술, 태도

구분	필요사항
지식	• 어음법, 수표법, 예금자보호법 • 어음 · 수표 거래 관련 규정
기술	• 어음관리대장 작성 능력 • 어음 · 수표의 보관과 관리 능력
태도	• 어음 · 수표 관리 규정을 준수하는 태도 • 정확성 • 신속성 • 판단력

4.1 어음 · 수표의 진위 여부 식별

(1) 약속어음
(2) 환어음
(3) 수표

4.2 어음 · 수표의 입금 · 예탁

(1) 어음의 입금
(2) 전자어음의 입금
(3) 수표의 입금

4.3 어음 · 수표의 회계처리와 어음관리대장 작성

(1) 어음의 회계처리
(2) 수표의 회계처리
(3) 어음(수표)관리대장의 작성

4.4 어음 · 수표 분실과 부도 시 대처방법

(1) 어음 · 수표 분실 시 대처방법
(2) 어음 · 수표 부도 시 대처방법

자 금 관 리

능력단위요소	수행준거(학습목표)
1. 어음 · 수표 관리하기	4.1 관련 규정에 따라 수령한 어음 · 수표의 진위 여부를 식별할 수 있다. 4.2 관련 규정에 따라 수령한 어음 · 수표를 금융기관에 입금 · 예탁할 수 있다. 4.3 관련 규정에 따라 어음 · 수표를 발행 · 수령할 때 회계처리하고 어음관리대장에 기록 · 관리할 수 있다. 4.4 관련 규정에 따라 어음 · 수표의 분실 및 부도가 발생한 때 대처하여 해결방안을 수립할 수 있다.

4.1 어음 · 수표의 진위 여부 식별 수행준거

학습목표(수행준거)

관련 규정에 따라 수령한 어음 · 수표의 진위 여부를 식별할 수 있다.

(1) 약속어음

1) 약속어음의 의의

약속어음은 어음을 작성하는 발행인이 어음을 가지고 있는 수취인에게 일정한 기일에 증권상 기재된 금액을 지급할 것을 약속하는 지급약속증권이다. 즉 어음의 발행인이 어음상의 채무자가 된다.

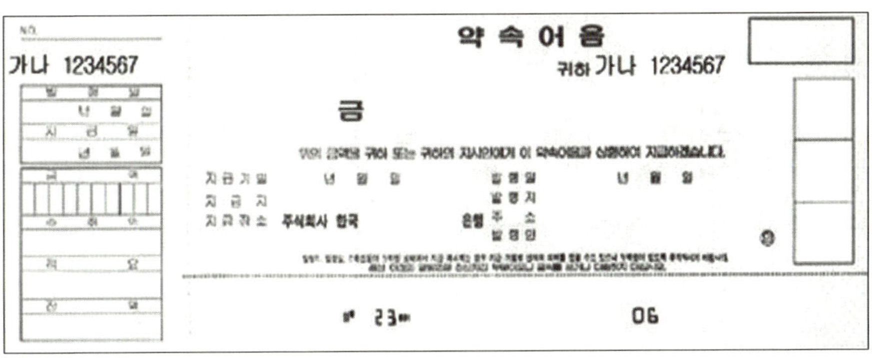

2) 약속어음의 요건(필요적 기재사항)

약속어음에는 다음의 사항을 적어야 한다.

① 증권의 본문 중에 그 증권을 작성할 때 사용하는 국어로 약속어음을 표시하는 글자(어음문구)

② 조건 없이 일정한 금액을 지급할 것을 약속하는 뜻

③ 만기

④ 지급지

⑤ 지급받을 자 또는 지급할 자를 지시할 자의 명칭
⑥ 발행일 및 발행지
⑦ 발행인의 기명날인 또는 서명

보충설명

• 전자어음

전자어음이란 종이어음과는 달리 전자문서 형태로 작성되고 전자어음을 발행하고자 하는 자가 전자어음관리기관(사단법인 금융결제원)에 등록한 약속어음을 말한다. 따라서 전자어음은 전자유가증권으로서 기존의 종이어음과 같이 이용되며, 발행, 배서, 권리행사 및 소멸 등의 모든 단계가 온라인에서 전자적인 방법으로 처리된다. '전자어음의 발행 및 유통에 관한 법률' 에 따라 외부감사대상 주식회사와 직전 사업연도 말의 자산총액이 10억원 이상인 법인사업자는 전자어음을 의무적으로 발행하여야 한다.

• 전자어음의 이용방법

- 전자어음을 발행하거나 수취하기 위해서는 다음과 같은 절차가 필요하다.
- 발행인과 수취인, 보증인은 자신 명의의 공인인증서를 준비하여야 한다.
- 거래은행에 회원가입 및 전자어음 이용약정을 체결하여야 한다.
  (① 발행인으로서 역할, ② 어음보증인으로서 역할, ③ 수취인으로서 역할 각각을 체결할 수 있으며, 발행인과 어음보증인의 역할을 위해서는 별도의 일정한 조건을 충족해야만 한다)
- 수취인은 거래은행 인터넷뱅킹 시스템이나 전자어음관리기관(금융결제원www.unote.or.kr)에 접속하여 전자어음발행 여부와 관련 내역을 조회하여 진위 여부를 파악하고 수상할 경우 수령을 거부한다.

• 전자어음 장점

- 최초로 어음을 교부받은 수취인에 한해서만 5회 미만으로 분할해서 배서할 수 있도록 제한하고 있다. 이렇게 분할이 된 어음은 독립된 전자어음으로 취급되며 분할번호가 부여된다. 이렇게 분할이 쉬워 필요한 자금만큼만 어음을 할인할 수 있어 경제적 비용을 절감할 수 있다.
- 어음의 도난, 분실, 위조, 변조 등이 어렵다.

(2) 환어음

1) 환어음의 의의

환어음은 어음을 작성하는 발행인이 지명인(지급인)에게 일정기일에 일정한 장소에서 일정금액을 수취인(소지인)에게 지급하도록 위탁하는 증권으로서 인수인은 어음상의 채무자이고 수취인은 어음상의 채권자가 된다.

NO.______

환 어 음
(내국신용장용)

내국신용장 번호
내국신용장 개설일자

______ 귀하

금
₩

(U$)

위의 금액을 이 환어음과 상환하여 ______ 또는, 그 지시인에게 지불하여 주십시오.
거짓증서 작성불요

지급기일 년 월 일 발행일 년 월 일

지급지 발행지
주 소

지급장소 은행 부점
(지급인) 발행인 인

2) 환어음의 요건(필요적 기재사항)

환어음에는 다음 사항을 적어야 한다.

① 증권의 본문 중에 그 증권을 작성할 때 사용하는 국어로 환어음을 표시하는 글자(어음문구)

② 조건 없이 일정한 금액을 지급할 것을 위탁하는 뜻

③ 지급인의 명칭

④ 만기

⑤ 지급지

⑥ 지급받을 자 또는 지급받을 자를 지시할 자의 명칭

⑦ 발행일과 발행지

⑧ 발행인의 기명날인 또는 서명

보충설명 ○ 어음요건의 흠

약속어음과 환어음에 어음의 요건을 적지 아니한 증권은 어음의 효력이 없다. 그러나 다음의 경우에는 그러하지 아니하다.

① 만기가 적혀 있지 아니한 경우: 일람출급의 환어음
② 지급지가 적혀 있지 아니한 경우: 지급인의 명칭에 부기한 지(장소)를 지급지 및 지급인의 주소지로 본다.
③ 발행지가 적혀 있지 아니한 경우: 발행인의 명칭에 부기한 지(장소)를 발행지로 본다.

(3) 수표

1) 수표의 의의

발행인이 지급인에게 수취인, 기타 정당한 소지인에게 일정한 금액의 지급을 위탁하는 유가증권을 말한다. 금전지급의 위탁증권이라는 점에서 환어음과 같으며 그 법적 성질과 형식도 유사하다. 수표는 당좌수표와 자기앞수표가 있다.

당좌수표는 은행 등 금융기관에 당좌예금을 자금으로 하여 일정금액의 지급을 의뢰하는 증권을 말한다. 기업은 현금에 의한 지급은 위험하고 귀찮기 때문에 은행에 무이자의 당좌예금계좌를 개설한다. 당좌예금은 수표발행 시에 사용하는 인장의 인영을 신고하고 은행으로부터 수표장을 받아 거래 시 수표를 발행하고 소지인이 수표를 은행에 제시하면 예금을 인출해 준다.

자기앞수표는 발행인이 지급인을 겸하는 수표(수표법 제6조 ③)로서, 발행인・지급인이 모두 은행이며 지급에 관하여는 안전성이 보장되어 있다. 이는 수표의 법적 성질을 이용하고 부도의 위험을 방지하는 수단으로서 은행이 발행하는 수표이며 오늘날 상당히 많이 사용되고 있다. 이 수표를 속칭 보증수표라고도 한다.

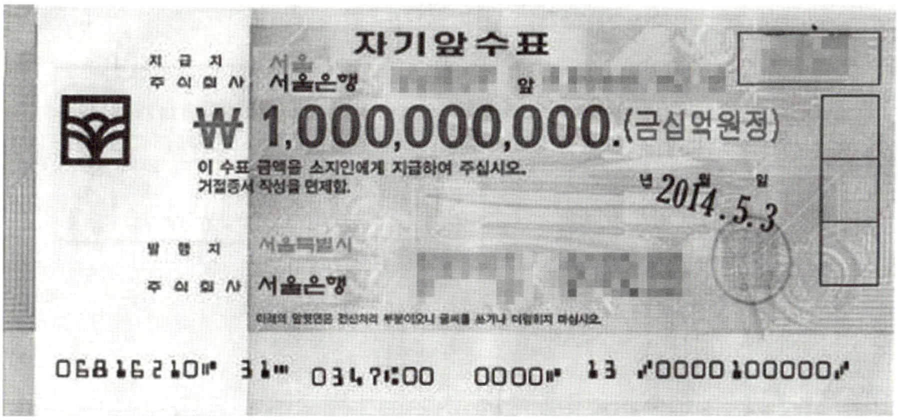

2) 수표의 요건

수표에는 다음 사항을 적어야 한다.

① 증권의 본문 중에 그 증권을 작성할 때 사용하는 국어로 수표임을 표시하는 글자(수표문구)

② 조건 없이 일정한 금액을 지급할 것을 위탁하는 뜻

③ 지급인의 명칭

④ 지급지

⑤ 발행일과 발행지

⑥ 발행인의 기명날인 또는 서명

3) 어음과 수표의 차이점

수표법은 어음과의 차별성을 견지하고 수표의 신용증권화 경향을 방지하기 위해 여러 가지 특징을 규정하고 있다.

첫째, 수표는 반드시 지급인을 금융기관으로 해야 하며, 수표를 발행하려면 당좌예금계약 · 당좌차월계약 · 여신계약 등에 따른 수표자금과 수표계약이 존재해야 한다.

둘째, 수표에는 인수제도가 없으며, 다만 필요에 따라 지급보증제도를 두고 있다.

셋째, 수표는 일람출급이므로 이에 반하는 기재는 허용되지 않는다.

넷째, 수표는 단시간에 결제될 성질의 것이므로 제시기간 · 시효기간이 짧고, 이자문구의 기재나 제시기간 내의 지급위탁 취소가 금지되어 있다.

다섯째, 인수금지를 침탈할 염려가 있는 지급인의 배서와 보증을 금하고, 따라서 인수거절에 따른 소급도 없으며 참가와 등본제도도 없다. 수표의 요건을 기재하지 않은 경우의 효력과 그 보충이 인정되는 점은 어음의 경우와 같다.

그러나 기재사항에 있어서 어음과 다른 점은 수취인의 기재가 필요적 기재사항이 아니라 임의적 기재사항이라는 것과 만기의 기재가 무익적(無益的) 기재사항으로 되어 있다는 점이다. 기재사항의 내용은 수표문구, 수표금액, 지급위탁문구, 지급인의 명칭, 지급지, 발행일과 발행지, 발행인의 기명날인으로 되어 있다.

직무능력평가 4-1

1. 다음은 약속어음의 요건(필요적 기재사항)이다. ( ) 안에 알맞은 말을 써넣으시오.

① 증권의 본문 중에 그 증권을 작성할 때 사용하는 국어로 약속어음을 표시하는 글자 (어음문구)
② 조건 없이 일정한 금액을 지급할 것을 약속하는 뜻
③ ( )
④ 지급지
⑤ 지급받을 자 또는 지급할 자를 지시할 자의 명칭
⑥ 발행일 및 발행지
⑦ 발행인의 기명날인 또는 서명

| 풀이 |

③ ( )

2. 다음 ( ) 안에 알맞은 용어를 써넣으시오.

① ( )는 은행 등 금융기관에 당좌예금을 자금으로 하여 일정금액의 지급을 의뢰하는 증권을 말한다. 기업은 현금에 의한 지급은 위험하고 귀찮기 때문에 은행에 무이자의 당좌예금계좌를 개설한다. 당좌예금은 수표발행 시에 사용하는 인장의 인영을 신고하고 은행으로부터 수표장을 받아 거래 시 수표를 발행하고 소지인이 수표를 은행에 제시하면 예금을 인출해 준다.

② ( )는 발행인이 지급인을 겸하는 수표(수표법 제6조 ③)로서, 발행인 · 지급인이 모두 은행이며 지급에 관하여는 안전성이 보장되어 있다. 이는 수표의 법적 성질을 이용하고 부도의 위험을 방지하는 수단으로서 은행이 발행하는 수표이며 오늘날 상당히 보급되고 있다. 이 수표를 속칭 보증수표라고도 한다.

| 풀이 |

① ( ), ② ( )

4.2 어음 · 수표의 입금 · 예탁

학습목표(수행준거)

관련 규정에 따라 수령한 어음 · 수표를 금융기관에 입금 · 예탁할 수 있다.

(1) 어음의 입금

어음은 만기일 하루 전에 거래은행에 가서 입금한다. 특별한 경우에는 만기일에 직접 지급은행을 방문하여 지급을 청구할 수도 있다. 이것은 어음의 지급기일(만기일) 전에 어음대금의 지급을 지급은행에 청구하면 '지급기일 미도래' 이유로 부도처리되어 지급거절이 되기 때문이다. 한편 어음 지급기일이 공휴일일 경우 다음 은행영업일이 지급기일이 된다. 그리고 어음은 은행 등의 창구에 입금하여야 하고 ATM(automated teller machine) 등 자동화기기에서는 입금할 수 없다.

보충설명

• 부도

어음이나 수표를 지급은행에 지급제시하였으나 지급을 거절당했을 때 부도라 한다. 어음교환소 규약에 규정된 부도사유는 ① 예금부족, ② 무거래, ③ 형식불비, ④ 사고계접수, ⑤ 위조 · 변조, ⑥ 제시기일 경과 또는 미달, ⑦ 인감서명의 상위, ⑧ 지급지 상위 등의 사유로 지급을 거절함으로써 반환된 어음과 수표를 말한다. 어음의 예금부족 사유로 인한 부도와 수표의 부도가 발생하면 발행인의 당좌거래가 일정기간 정지된다.

어음은 부도가 나더라도 특히 사기죄가 되지 않는 한 발행인 등이 형사책임을 지지 않으나, 수표는 부도가 나면 발행인은 부정수표 단속법에 의하여 형사처벌을 받게 된다.

• 어음교환소

은행 등 금융기관은 타 금융기관을 지급장소로 한 어음 · 수표 등을 수납하게 되는데, 이로 인해 일정지역 내에서 이러한 어음 등을 상계 · 교환할 필요가 발생하며, 이와 같은 채권 · 채무의 상계가 매일 일정시각에 금융결제원 산하 어음교환소에서 이루어진다.

(2) 전자어음의 입금

인터넷뱅킹을 통해 전자어음 수취현황을 파악한다. 전자어음을 입금하거나 거래대금 등으로 지급하기 위해서는 다음과 같은 순서로 배서를 하여야 한다.

① 거래은행에 회원가입 및 전자어음 이용약정 체결(당좌예금계약 미체결, 거래정지 처분 대상자라도 전자어음의 수취는 가능함)

② 공인인증서 발급(사전 발급 공인인증서도 사용가능)

③ 수취인은 각 은행 인터넷뱅킹 홈페이지에 접속하여 전자어음의 발행 여부 확인 및 관련내역 조회(각 은행별 조회방법 다름), 조회 결과 이상이 있을 경우 수령거부 가능

④ 공인인증서로 전자어음 배서(전자어음에 필요한 항목을 기입(피배서인 인적사항 등)하고 공인인증서로 전자어음 배서함. 이때 전자어음의 피배서인은 전자어음 배서 전에 회원가입이 되어 있어야 함)

⑤ 전자어음 배서수수료 납부(은행잔고가 배서수수료 이상 있어야 함)

(3) 수표의 입금

어음을 제외한 당좌수표와 가계수표를 받은 경우에는 바로 거래은행의 거래계좌에 입금하면 된다. 입금 시 수표 뒷면에 계좌번호 또는 주민등록번호와 이름, 연락처를 기재해서 거래은행의 창구에 제시한다. 수표 발행 시 발행인과 수취인 간에 서로 약속한 날짜를 지급일로 발행하였다면 거래은행의 계좌에 지급일 하루 전(은행영업일 기준)에 입금하는 것이 부도예방을 위해 좋다. 수표발행자의 계좌에 잔액이 없다면 부도처리가 되기 때문이다.

| 실무상식 |

■ 수표의 당일 현금화 여부 확인

거래은행(다른 지점 포함)의 수표를 입금하는 경우에는 입금당일에 자유롭게 수표금액을 사용할 수 있다. 그러나 원칙적으로 거래은행 이외(타행)의 수표를 입금하면 발행은행에서 사고나 도난수표 여부를 확인한 후 다음 날 자유롭게 출금할 수 있다.

직무능력평가 4-2

다음 (　　) 안에 알맞은 용어를 써넣으시오.

① 어음은 (　　　　) 전에 거래은행에 가서 입금한다. 특별한 경우에는 만기일에 직접 지급은행을 방문하여 지급을 청구할 수도 있다. 이것은 어음의 지급기일(만기일) 전에 어음대금의 지급을 지급은행에 청구하면 '지급기일 미도래' 이유로 부도처리되어 지급거절이 되기 때문이다.

② 어음의 (　　　　) 사유로 인한 부도와 수표의 부도가 발생하면 발행인의 당좌거래가 일정기간 정지된다.

③ 전자어음에 필요한 항목을 기입(피배서인 인적사항 등)하고 (　　　　)로 전자어음을 배서한다. 이때 전자어음의 피배서인은 전자어음 배서 전에 회원가입이 되어 있어야 한다.

| 해답 |

① (　　　　　), ② (　　　　　), ③ (　　　　　)

4.3 어음 · 수표의 회계처리와 어음관리대장 작성

학습목표(수행준거)

관련 규정에 따라 어음 · 수표를 발행 · 수령할 때 회계처리하고 어음관리대장에 기록 · 관리할 수 있다.

(1) 어음의 회계처리

1) 상품 등 재고자산 거래 시 어음의 회계처리

상품 등의 재고자산을 구입(매입)하고 대금을 약속어음을 발행하여 지급하면 '지급어음'이라는 부채가 발생한다. 상품 등의 판매대금으로 받아 소지하고 있던 어음으로 지급하면 '받을어음'이 소멸한다. 반면, 상품 등의 재고자산을 판매(매출)하고 대금을 어음(약속어음, 환어음 구분 불필요)으로 받은 경우 '받을어음'이라는 자산이 발생한다.

구분	거래내용	차변		대변	
(1)	강서상사에서 상품 300원을 매입하고, 대금은 약속어음을 발행해 지급하다.	상품 (매입)	300	지급어음	300
(2)	인천상사에서 상품 400원을 매입하고 대금은 소지하고 있던 어음으로 지급하다.	상품 (매입)	400	받을어음	400
(3)	부산상사에 상품 500원을 매출하고 대금은 환어음으로 받다.	받을어음	500	상품 (매출)	500

2) 재고자산 이외의 자산 등 거래 시 어음의 회계처리

상품 등 재고자산 이외의 자산을 취득하고, 어음을 발행한 경우 '어음미지급금'이라는 채무가 발생하며, 재무상태표에는 미지급금계정에 합산하여 표시한다. 반면 상품 등 재고자산 이외의 자산을 매각처분하고, 어음을 받은 경우 '어음미수금'이라는 채권이 발생하며, 재무상태표에는 미수금계정에 합산하여 표시한다.

구분	거래내용	차변		대변	
(1)	기계 500원을 구입하고 대금은 약속어음을 발행하여 주다.	기계장치	500	어음미지급금 (미지급금)	500
(2)	위 (1)의 약속어음의 만기가 되어 현금으로 지급하다.	어음미지급금 (미지급금)	500	현금	500
(3)	토지 600원을 장부가(원가)로 처분하고 대금은 약속어음으로 받다.	어음미수금 (미수금)	600	토지	600
(4)	위 (3)의 약속어음의 만기가 되어 현금으로 회수하다.	현금	600	어음미수금 (미수금)	600

3) 차용증서 대신 어음의 발행 시 회계처리

금전을 대여하여 주고, 차용증서 대신 어음을 수취한 경우 실무적으로는 '어음대여금'이라는 채권이 발생하며, 재무상태표에는 '단기대여금'계정에 합산하여 표시한다. 반면 금전을 차입하고, 차용증서 대신 어음을 발행한 경우 실무적으로는 '어음차입금'이라는 채무가 발생하며, 재무상태표에는 단기차입금계정에 합산하여 표시한다.

구분	거래내용	차변	대변
(1)	서대문상사에 약속어음을 받고 현금 100원을 8개월간 대여하다.	어음대여금 (단기대여금) 100	현금 100
(2)	위 (1)의 어음의 만기가 되어 현금으로 회수하다.	현금 100	어음대여금 (단기대여금) 100
(3)	동대문상사에 약속어음을 발행하여 주고 현금 200원을 10개월간 차입하다.	현금 200	어음차입금 (단기차입금) 200
(4)	위 (3)의 어음의 만기가 되어 현금으로 지급하다.	어음차입금 (단기차입금) 200	현금 200

4) 환어음의 발행과 인수 시 회계처리

채권을 가지고 있는 발행인이 채무자를 지급인으로 하여 환어음을 발행하기 위해서는 채무자, 즉 지명인(지급인, 인수인)이 어음대금을 지급할 것을 승낙하고, 기명 · 날인하는 절차인 '환어음 인수'가 있어야 한다. 환어음의 발행자와 인수자는 다음과 같이 회계처리한다.

① 환어음 발행 시

매출처의 인수 승낙을 받아 환어음을 발행하면 매출처의 외상매출금이 소멸한다.

② 환어음 인수 시

매입처가 발행한 환어음을 인수하면 매입처에 대한 외상매입금은 소멸시키고 지급어음계정 대변에 기록한다. 그리고 만기일에 어음대금을 지급하면 채무소멸로 지급어음계정 차변에 기록한다.

구분	거래내용	차변	대변
(1)	인천상사는 경주상사에서 상품 800원을 매입하고, 대금은 매출처 경기상사의 인수 승낙을 받아 환어음을 발행해 주다.	매입 800	외상매출금 800
(2)	경기상사는 매입처 인천상사의 요청으로 환어음 800원을 인수하다.	외상매입금 800	지급어음 800

5) 어음의 부도 시 회계처리

어음의 소지자가 어음만기일에 어음금액의 지급을 청구하였으나 지급이 거절된 경우를 부도라 하며, 이를 부도어음계정으로 처리한다. 이때 부도어음계정으로 처리할 금액은 지급거절증서 작성비용을 합산한 금액이다. 부도어음계정은 재무상태표에 장기매출채권계정으로 표시한다.

구분	거래내용	차변	대변
부도 시	받을어음 900원이 부도되어 상환청구하다. 지급거절증서작성비 등 제비용 40원을 현금으로 지급하다.	부도어음 940	받을어음 900 현금 40
회수 시	위 부도어음 대금과 만기일 후 이자 30원을 현금으로 받다.	현금 970	부도어음 940 이자수익 30
대손 시	위 부도어음이 추심불능으로 판단되어 채권을 포기하다.	대손충당금 (대손상각비) 940	부도어음 940

(2) 수표의 회계처리

1) 당좌수표의 회계처리

① 당좌예금계정

당좌수표를 발행하기 위해 은행과 당좌거래를 맺고 현금을 당좌예금하면 당좌예금계정 차변에 기록한다. 당좌수표를 발행하여 당좌예금을 인출하면 당좌예금계정 대변에 기록한다.

구분	거래내용	차변	대변
(1)	현금 2,000원을 당좌예금하다.	당좌예금 2,000	현금 2,000
(2)	상품 1,000원을 매입하고 수표를 발행하다.	상품 (매입) 1,000	당좌예금 1,000

② 당좌차월(단기차입금)계정

거래 은행과 당좌차월 계약을 맺으면 당좌예금계정의 잔액이 없어도 당좌차월(단기차입금)한도까지 수표를 발행할 수 있다. 이때 당좌예금 잔액을 초과하는 금액을 당좌차월이라 한다. 당좌차월은 재무상태표에 표시할 때 단기차입금으로 표시한다.

구분	거래내용	차변		대변	
(1)	당좌예금 잔액은 2,000원이나 비품 2,700원을 매입하고 수표를 발행하다(당좌차월한도 1,000원).	비품	2,700	당좌예금 당좌차월 (단기차입금)	2,000 700
(2)	당좌차월 700원이 있는 상태에서 현금 900원을 당좌예금하다.	당좌차월 (단기차입금) 당좌예금	700 200	현금	900

2) 자기앞수표의 회계처리

자기앞수표는 발행인과 지급인이 모두 은행으로 지급의 안전성이 보장되어 일상생활에서 현금과 같이 사용된다. 회계에서도 역시 통화대용증권의 하나로 현금과 동일하게 인식한다.

구분	거래내용	차변		대변	
(1)	기계장치 5,000원을 구입하고 대금은 소지하고 있던 자기앞수표 1,000원과 타인발행 당좌수표 2,000원을 지급하고 나머지는 당좌수표를 발행해서 지급하다.	기계장치	5,000	현금 당좌예금	3,000 2,000
(2)	상품 6,000원을 판매하고 대금은 약속어음 1,500원과 자기앞수표 2,000원을 받고 나머지는 외상으로 하다.	받을어음 현금 외상매출금	1,500 2,000 2,500	상품 (매출)	6,000

(3) 어음(수표)관리대장의 작성

1) 어음(수표)관리대장의 의의

기업이 은행에 당좌계좌를 개설하였다면 당좌수표와 약속어음을 발행할 수 있고 은행으로부터 어음책과 수표책을 받게 된다. 어음책은 1권당 10장, 수표책은 1권당 20장의 어음용지와 수표용지로 구성되어 있다. 어음과 수표는 유가증권이므로 분실과 도난 등에 대비하기 위하여 어음(수표)관리대장을 작성하여 그 관리를 엄격히 하여야 한다.

2) 어음(수표)관리대장의 작성방법

어음(수표) 사용의 책임을 사전에 통제하고 어음(수표) 사용의 적절성을 확인하기 위해 어음(수표) 관리대장을 작성한다. 어음(수표)관리대장의 작성방법은 다음과 같다.

〈어음(수표)관리대장 작성방법〉

① 일자: 어음(수표)책의 증감 등을 관리하는 날짜를 기록한다.

② 전일재고: 어음(수표)책의 관리일 직전 관리일의 재고를 기록한다.

③ 구입확인: 은행으로부터 구입한 어음(수표)책의 권수와 어음(수표)의 일련번호를 기록하고 관리(책임)자의 확인을 받는다.

④ 사용: 사용한 어음(수표)의 양(권과 장)을 기록한다.

⑤ 금일재고: 전일재고에 구입량을 가산하고 사용량을 차감하여 금일재고를 계산하여 기록한다.

⑥ 부본정리확인: 반(불)출한, 즉 발행한 어음(수표)의 사본을 복사하여 부본서류철에 합철해서 관리(책임)자의 확인을 받는다.

⑦ 구입신청: 어음(수표)책의 예상 사용량을 미리 파악해서 구입신청 수량을 결정하여 기록하고 관리(책임)자의 확인을 받는다(확인 후 은행측에 어음(수표)책의 교부를 요구한다).

⑧ 반(불)출확인: 각종 거래대금으로 결제를 위해 발행된 어음(수표)의 번호를 기록하고 관리(책임)자의 확인을 받는다.

⑨ 비고: 그 밖에 결재권자가 참고할 사항을 기록한다.

보충설명 ○ 원본과 부본

원본은 모든 문서와 서류에 있어서 기본이 되는 서류인데 서류를 작성한 사람이 그 내용을 확정적으로 표시한 것으로 최초로 작성한 문서나 서류다. 원본이 일시에 여러 통 작성된 경우를 복본이라 하고 작성된 복본 모두는 원본으로서의 효력이 있다.

부본은 원본과 비슷한 내용이나 사항을 기재한 문서나 서류로서 원본(정본)의 훼손 등에 대비하기 위해 작성된다.

구분	내용
원본	최초로 작성한 문서나 서류
정본	법률상 권한이 있는 자가 원본에 의거하여 작성한 문서나 서류

등본	원본 내용의 전부를 완전하게 복사한 문서나 서류
초본	원본 중 필요한 부분의 일부를 복사하거나 발췌한 문서나 서류
부본	원본 또는 정본을 참고하기 위한 예비용도의 문서나 서류
사본	문서나 서류들을 복사한 것을 총칭함.

예제

다음 자료에 의하여 어음관리대장을 작성하시오.

6월 1일 은행으로부터 구입한 전일재고(5월 31일 재고)는 1권 8장, 관리(책임)자 요구로 어음책 1권 구입을 신청하다.

6월 3일 은행으로부터 어음책 1권(번호 201~210)을 구입하다.

6월 5일 매입처 ㈜선진에게 상품 1,000원을 매입하고 약속어음(번호 103)을 발행하여 지급하다. 동일가구로부터 비품 700원을 구입하고 약속어음(번호 104)을 발행하여 지급하다. 발행된 약속어음을 복사하여 원본 분실 등에 대비하다.

6월 8일 매입처 ㈜주성에게 상품 1,300원을 매입하고 약속어음(번호 105)을 발행하여 지급하다. 발행된 약속어음을 복사하여 원본 분실 등에 대비하다.

| 풀이 |

어음(수표)관리대장

담당	과장	부장

일자	전일재고		구입확인			사용		금일재고		부본정리확인		구입신청		반(불)출확인		비고
	권	장	권	번호	확인	권	장	권	장	번호	확인	권	확인	번호	확인	
6/1	1	8						1	8			1	황			
6/3	1	8	1	201~210	황			2	8							
6/5	2	8					2	2	6	103	황			103	황	
										104	황			104	황	
6/8	2	6					1	2	5	105	황			105	황	

직무능력평가 4-3

1. 다음 거래를 분개하시오(단, 상품매매 회계처리는 3분법 적용).

(1) 천안상사에 상품 900원을 매출하고, 대금은 동점 발행 약속어음을 받다.
(2) 위 (1)의 약속어음이 만기가 되어 현금으로 회수하다.
(3) 청주상사에서 상품 700원을 매입하고, 대금은 당점 발행 약속어음으로 지급하다.
(4) 위 (3)의 약속어음이 만기가 되어 현금으로 지급하다.

| 풀이 |

구분	차변		대변	
	계정과목	금액	계정과목	금액
(1)				
(2)				
(3)				
(4)				

2. 다음 거래를 분개하시오(단, 상품매매 회계처리는 3분법 적용).

(1) 대전상사에서 상품 300원을 매입하고, 대금은 매출처 중앙상사의 인수를 받아 환어음을 발행해 주다.
(2) 전주상사에 상품 650원을 매출하고 대금은 환어음으로 받다.
(3) 매입처 대구상사의 요청으로 환어음 460원을 인수하다.

| 풀이 |

구분	차변		대변	
	계정과목	금액	계정과목	금액
(1)				
(2)				
(3)				

3. 다음 거래를 분개하시오

(1) 상주상사에 약속어음을 받고 현금 520원을 6개월간 대여하다.
(2) 위 (1)의 어음의 만기가 되어 현금으로 회수하다.
(3) 고성상사에 약속어음을 발행하여 주고 현금 730원을 9개월간 차입하다.
(4) 위 (3)의 어음의 만기가 되어 현금으로 지급하다.

| 풀이 |

구분	차변		대변	
	계정과목	금액	계정과목	금액
(1)				
(2)				
(3)				
(4)				

4. 다음 거래를 분개하시오.

(1) 차량운반구 690원을 취득원가로 구입 즉시 다시 처분하고 대금은 약속어음으로 받다.

(2) 위 (1)의 약속어음의 만기가 되어 현금으로 회수하다.

(3) 기계장치 510원을 구입하고 대금은 약속어음을 발행하여 주다.

(4) 위 (3)의 약속어음의 만기가 되어 현금으로 지급하다.

| 풀이 |

구분	차변		대변	
	계정과목	금액	계정과목	금액
(1)				
(2)				
(3)				
(4)				

5. 다음 거래를 분개하시오.

(1) 받을어음 700원이 부도되어 상환청구하다. 지급거절증서작성비 등 제비용 30원을 현금으로 지급하다.

(2) 위 (1)의 부도어음 대금과 만기일 후 이자 20원을 현금으로 받다.

(3) 위 (1)의 부도어음이 추심불능으로 판단되어 채권을 포기하다. 단, 대손충당금 잔액 500원이 있다.

| 풀이 |

구분	차변		대변	
	계정과목	금액	계정과목	금액
(1)				
(2)				
(3)				

6. 다음의 연속된 거래를 분개하시오(단, 상품매매 회계처리는 3분법 적용).

(1) 하나은행과 당좌거래와 당좌차월 계약(한도 1,000원)을 맺고 현금 1,500원을 당좌예금하다.

(2) 상품 900원을 매입하고 수표를 발행하여 지급하다.

(3) 비품 1,000원을 매입하고 수표를 발행하다.

(4) 현금 700원을 당좌예금하다.

| 풀이 |

구분	차변		대변	
	계정과목	금액	계정과목	금액
(1)				
(2)				
(3)				
(4)				

7. 다음 거래를 분개하시오(단, 상품매매 회계처리는 3분법 적용).

(1) 비품 3,000원을 구입하고 대금은 소지하고 있던 자기앞수표 700원과 타인발행 당좌수표 1,000원을 지급하고 나머지는 당좌수표를 발행해서 지급하다.

(2) 상품 4,000원을 판매하고 대금은 약속어음 800원과 자기앞수표 1,000원을 받고 나머지는 외상으로 하다.

| 풀이 |

구분	차변		대변	
	계정과목	금액	계정과목	금액
(1)				
(2)				

8. 다음 자료에 의하여 어음관리대장을 작성하시오. 다만, 작성 시 확인은 관리(책임)자가 하는 것이나 편의상 작성자 본인의 서명을 한다.

7월 1일 은행으로부터 구입한 전일재고(6월 30일 재고)는 1권 5장, 매입처 ㈜장원에게 상품 2,500원을 매입하고 약속어음(번호 206)을 발행하여 지급하다. 발행된 약속어음을 복사하여 원본 분실 등에 대비하다.

7월 8일 매입처 ㈜춘천에게 상품 2,000원을 매입하고 약속어음(번호 207)을 발행하여 지급하다. 일성기계로부터 기계 900원을 구입하고 약속어음(번호 208)을 발행하여 지급하다. 발행된 약속어음을 복사하여 원본 분실 등에 대비하다.

7월 9일 관리(책임)자 요구로 어음책 1권 구입을 신청하다.

7월 12일 은행으로부터 어음책 1권(번호 301~310)을 구입하다.

| 풀이 |

어음(수표)관리대장

담당	과장	부장

일자	전일재고		구입확인			사용		금일재고		부본정리확인		구입신청		반(불)출확인		비고
	권	장	권	번호	확인	권	장	권	장	번호	확인	권	확인	번호	확인	

4.4 어음 · 수표 분실과 부도 시 대처방법

학습목표(수행준거)

관련 규정에 따라 어음 · 수표의 분실 및 부도가 발생한 때 대처하여 해결방안을 수립할 수 있다.

(1) 어음 · 수표 분실 시 대처방법

1) 공시최고 신청과 제권판결 절차

어음이나 수표를 분실하거나 도난당한 경우에는 다음과 같이 공시최고절차를 밟고 제권판결을 받음으로써 어음이나 수표가 없어도 지급받을 수 있다. 이러한 절차를 진행가기 위해서 공시최고 신청 전에 은행에게 어음(또는 수표)의 분실신고를 접수하고 미지급증명서를 발급받는다. 또한 경찰서에 분실신고를 접수하고 분실신고접수증명서를 발급받는다. 이후 이를 근거로 지급지(또는 발행인) 법원에 공시최고신청서를 제출하여 법적 절차를 진행한다.

보충설명 ∘ 공시최고와 제권판결

'공시최고'란 법률이 정한 경우에 법원이 당사자의 신청에 의해 공고의 방법으로 미지의 불분명한 이해관계인에게 실권 기타 불이익의 경고를 첨부하여 권리신고의 최고를 하고 누구한테서도 권리의 신고가 없을 때에는 제권판결을 하는 절차를 말한다. '제권판결'이란 공시최고절차를 거쳐 기존에 발행된 유가증권인 어음 · 수표의 실효를 선고하고 상실자에게 자격을 회복시켜주는 판결을 말한다.

| 실무상식 |

- 소지인이 어음이나 수표를 분실한 경우로서 공시최고절차를 진행하면 공시최고기간이 3개월이나 되고 비용과 노력이 많이 소요된다. 따라서 발행인을 통하여 지급인인이 은행에 대하여 서면이나 구두로 지급위탁의 취소를 하는 방법을 사용할 수 있다면 편리하다.

〈분실 등 신고와 공시최고 절차〉

• 공시최고 신청 전 절차

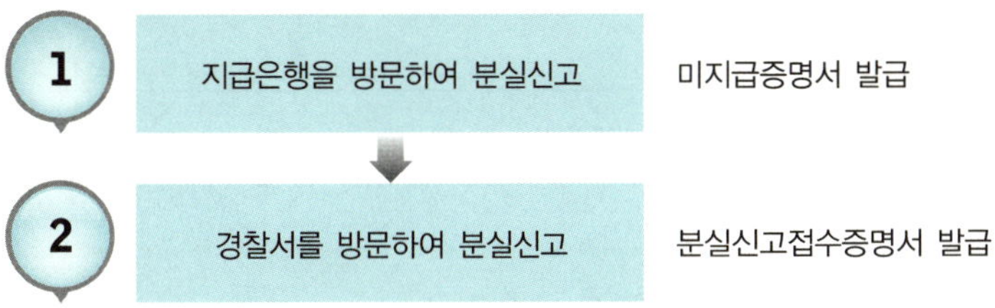

• 공시최고 신청 본 절차

2) 공시최고신청서 작성

어음과 수표를 도난, 분실, 멸실당한 때에는 최종소지인은 이행지(어음, 수표의 지급지)의 표시가 있는 때에는 그 지방법원, 그 표시가 없는 때에는 발행인의 주소지 지방법원에 유가증권의 무효선언을 위한 공시최고신청을 하여 제권판결을 받을 수 있다.

제권판결을 얻은 사람은 판결문을 은행에 제시하여 어음금이나 수표금 등의 지급을 구할 수 있다. 공시최고서신청서 작성은 다음과 같이 작성한다.

공시최고신청서

신 청 인 ○○○
○○시 ○○구 ○○길 ○○(우편번호 ○○○-○○○)
전화・휴대폰번호:
팩스번호, 전자우편(e-mail)주소:

증서의 중요한 취지: 별지목록 기재와 같음

신청취지

별지목록 기재의 약속어음에 관하여 공시최고를 한 뒤 공시최고에서 정한 기일까지 권리신고 등이 없으면 위 약속어음의 무효를 선고한다는 재판을 구합니다.

신청원인

1. 신청인은 별지목록 기재 약속어음의 최후 소지인이었는데, 20○○. ○. ○. ○○시 ○○구 ○○길 ○○ 소재 신청인의 집에서 분실하고 현재까지 회수를 하지 못하고 있습니다.
2. 따라서 위 약속어음의 무효를 선고하는 제권판결을 받고자 이 사건 신청에 이른 것입니다.

소명방법

1. 소갑 제1호증 미지급증명서(◉◉은행)
1. 소갑 제2호증 분실신고접수증명서(◎◎경찰서)

첨부서류

1. 소갑 제1호증(미지급증명서) 7통
1. 소갑 제2호증(분실신고접수증명서) 1통
1. 송달료납부서 1통

20○○. ○○. ○○.
위 신청인 ○○○ (서명 또는 날인)

○○지방법원 귀중

[약속어음의 경우 별지]

[별 지]

증서의 중요취지

1. 종류 및 수량: 약속어음 1매
2. 액 면: 금 5,000,000원
3. 지급기일: 20○○. ○○. ○○.
4. 지급지: 서울특별시
5. 지급장소: ○○은행 ○○지점
6. 수취인: ○○○
7. 발행지: 서울특별시
8. 발행인: ○○무역주식회사
9. 발행일: 20○○. ○. ○.
10. 최종소지인: ○○○. 끝.

[수표의 경우 별지]

[별 지]

증서의 중요취지

1. 종 류: 자기앞수표
1. 번 호: 나가○○○○○○○○
1. 액 면: 금 300,000원
1. 발행일: 20○○. ○. ○○.
1. 발행인겸지급인: ○○은행 ○○지점
1. 최종소지인: ○○○. 끝.

(2) 어음 · 수표 부도 시 대처방법

1) 부도원인의 우선 확인

부도가 발생하는 가장 주된 원인은 예금부족이나 지급불능이지만, 그 외에도 위에서 설명한 기타의 원인도 있으므로 해당 거래 금융기관 또는 관계자에게 부도사실을 문의하여 원인을 파악하도록 하는 것이 선행되어야 한다.

기재사항의 누락과 같은 형식적 요건을 갖추지 못한 경우는 요건을 갖추어 만기 후 2일 동안의 어음교환기간을 이용하여 결제되도록 하면 되고, 그 밖의 부도원인을 확인하면 발행인의 재산상태 등을 파악하여 후속조치를 취하도록 한다.

2) 배서인, 보증인 등에게 부도사실 통지

어음상의 주채무자는 물론 발행인이지만, 그 어음이 배서 후 양도된 경우나 보증인의 기재가 있는 경우는 배서인이나 보증인도 어음금의 지급의무가 있으므로, 그들에게 부도사실을 통지하여 소구권을 행사하도록 한다. 이때는 가능하면 서면에 의한 통지를 함으로써 후일 불필요한 분쟁을 막을 수 있다.

3) 합의, 교섭에 의한 회수 도모

어음의 소지인은 발행인을 포함하여 배서인, 보증인 모두에 대하여 어음금의 지급을 청구할 수 있으며, 그 중 가장 재력이 있는 자를 골라 한 사람에게 청구할 수도 있다.

일반적으로 부도가 발생하면 발행인은 거의 채무상환능력이 없는 상태가 되고, 남은 재산을 은닉한다거나 빼돌릴 우려가 있으므로, 소지인의 입장에서는 신속하게 배서인이나 보증인 중의 한 사람을 골라 어음금을 회수하여야 한다. 이때 어음소지인은 어음금 전액을 회수하면 좋겠지만, 금액이 큰 경우는 배서인이나 보증인의 재정상태, 경영상황 등 지급능력을 고려하여 분할지급, 지급일자의 연기와 같은 원만한 방법을 협의하여 결정하는 것이 바람직하다.

왜냐하면, 대개의 경우 부도가 발생하면 어음소지자의 입장에서 만족스러운 회수를 할 수 없는 것이 보통이므로, 다소 손해를 보더라도 채무자와 협의하여 회수하는 것이 이익일 것이기 때문이다. 물론, 손해를 볼 수 없다고 판단되거나 협의가 안 되거나 지급을 못하겠다고 나오면 결국 가압류 등의 법적인 절차로 나가야 할 것이다.

4) 법절차에 의한 어음금의 회수 진행

발행인이나 배서인, 보증인 등과 원만한 합의를 도모하였으나 이에 응하지 않을 경우에는 소송절차로 나가야 한다. 일단 소송절차로 들어가면 다급한 채무자의 입장에서는 합의조건을 내세우는 등으로 중간에 해결될 수도 있지만, 일단 소송절차까지 나가면 어음금의 회수를 위해 필요한 모든 조치를 취해야 한다.

여기서 주의할 것은 발행인(채무자)의 입장에서는 강제집행을 면하기 위하여 재산을 은닉하거나 제3자 명의로 변경하는 등 지급을 회피할 가능성이 크므로 가압류 등의 보전신청을 즉시 신청하도록 하고, 사해행위 취소의 소, 채무자가 법인일 경우에는 파산 또는 회사정리신청을 하는 등에 대비한 필요한 모든 조치를 강구하도록 한다.

※수표의 경우에는 만기가 없으므로 만기 전 소구제도는 있을 수 없다.

보충설명

• 소구

소구는 어음이나 수표의 지급이 거절되거나 그 전이라도 지급의 가능성이 불확실할 때, 어음(수표)의 소지인이 자기의 전자인(앞의) 배서인과 발행인에 대해 원래의 지급에 갈음하여 어음(수표)금액과 기타 비용의 지급을 청구할 수 있는 것을 말한다.

• 전자어음의 지급거절과 소구

전자어음의 지급제시를 받은 금융기관이 지급을 거절할 때에는 전자문서로 하여야 한다. 전자어음의 소지인이 전자문서를 수신한 날을 공정증서의 작성일로 본다. 전자어음의 소지인이 소구할 때에는 전자어음과 배서전자문서, 지급거절 전자문서를 첨부하여 소구의 뜻을 기재한 전자문서를 소구의무자에게 송신하여야 한다.

• 지급거절

지급거절이란 어음수표의 소지인이 적법한 지급제시를 하였음에도 불구하고 지급이 거절되는 것을 말한다. 서울어음교환소 규약에서는 교환소에 교환중인 어음 · 수표로 지급에 응하지 못할 어음 · 수표를 부도라 한다.

• 사해행위

사해행위란 남에게 갚아야 할 빚이 있는 사람인 채무자가 고의로 땅이나 집, 예금 등을 다른 사람 명의로 바꾼다든가, 골동품이나 그림 등 재산적 가치가 있는 물건을 몰래 팔거나 숨겨두어 결국 채권자가 빚을 돌려받는데 지장을 주는 행위를 말한다. 이런 경우 채권자는 채무자 및 제3자를 대상으로 법원에 '사해행위 취소소송'을 제기하여 채무자의 재산을 회복시키고 채권을 행사할 수 있다.

| 실무상식 |

■ 수표 부도 시 형사처벌

어음은 부도가 나더라도 특히 다른 범죄를 범하지 않는 한 발행인 등이 형사책임을 지지 않으나 수표는 부도가 나면 부정수표단속법에 의하여 형사처벌을 받게 된다. 수표가 부도 난 경우에는 금융기관에서는 30일 이내에 수사기관에 고발하여야 한다. 수표를 부도 낸 사람은 5년 이하의 징역 또는 수표금액의 10배 이하의 벌금형에

처할 수 있다.

부도난 수표가 나중에라도 회수되거나, 회수되지 아니하여도 수표소지인이 처벌을 원하지 않을 경우에는 공소를 제기할 수 없다. 즉 반의사불벌죄이기 때문이다. 따라서 수사단계에서 수표를 회수하면 공소권 없음의 검사의 종국결정으로 끝나게 되나, 공소가 제기된 후에 수표를 회수하게 되면 법원에서 공소기각을 받게 된다.

■ 자금부족으로 인한 부도징후

거래처가 부도 위험에 있을 때 나타나는 징후는 매우 다양하고 많다. 그 중 중요한 몇 가지를 요약하면 다음과 같다.

- 매출액 감소: 부도가 발생하는 가장 큰 요인은 매출액 감소이다. 영업으로 인한 매출이 자금흐름을 결정하기 때문이다.
- 사업의 확장 이후 소문이 좋지 않은 경우: 사업의 확장은 많은 자금을 투자하기 때문에 사업 확장에 따른 효과가 좋든 나쁘든 크게 나타나고 그 소문이 동종업계에 빠르게 퍼진다.
- 거래 상대회사의 부도: 거래처에게도 상대 거래처가 있고 그 상대회사의 부도의 여파는 당연히 연쇄적으로 거래처에 나쁜 영향이 있다.
- 어음이나 수표의 결제일 연장: 어음이나 수표의 결제일 연장은 자금이 부족하다는 것으로 이는 좀 더 상황이 나빠지면 부도에 직면할 수 있음을 의미한다.
- 거래량이 갑자기 큰 폭으로 많아지는 경우: 거래량은 영업호조로 점진적으로 증가하는 것이 일반적이다. 특별한 이유 없이 거래처의 외상매입 거래량이 큰 폭으로 늘면 그 의도를 의심하는 것이 필요하다. 현금 확보를 위한 덤핑이 있을 수 있기 때문이다.
- 공과금체납, 임금의 체불: 거래처의 공과금이나 임금체불관계는 거래처 직원 등을 통해 비교적 쉽게 파악할 수 있다. 이러한 사실을 확인하게 되면 거래량을 줄일 필요성이 있다.

■ 거래처 위기 대비 사전준비

거래를 시작하기 전에는 거래처에 대한 각종 정보를 파악해야 한다. 그러한 서류나 정보를 거래 시작 전에 확보했다고 하더라도 상대 거래처의 사정은 시간이 지나면서 바뀌는 것을 유념해야 한다. 따라서 모든 거래처에 대해 평소 주기적으로 새로운 자료를 수집하고, 특히 자금사정이 좋지 않은 거래처에 대해서는 보다 자주 기존 자료를 점검해야 한다. 이것은 거래처에게 부도 등 원치 않는 사태가 발생하면 신속하게 채권회수 조치를 해야 하기 때문이다. 일반적으로 중요 거래처 점검사항은 다음과 같다.

- 거래처 주소지 확인
  - 사업장의 주소와 사장의 주소가 변경되지 않았는지 점검
  - 변경된 주소가 거래처 등록서류에 정확히 반영되었는지 확인
  - 실제의 사업장의 주소지와 사업자등록증상의 주소가 일치하는지 확인
- 소유 부동산의 파악
  - 사업장 소재지에 대한 부동산 등기부등본을 신청하여 파악
  - 사업장 등 이전 예정지나 증설 예정지가 있는 경우 해당 주소에 대한 부동산 실제 소유권 확인
  - 사장의 개인 주민등록등본을 확인한 후, 현 주소지와 전주소지에 대한 부동산 등기부등본을 신청하여 소유권 확인
  - 사장 명의의 재산세 과세대장 확인
- 거래처의 제3자에 대한 거래 파악
  - 거래처가 물품을 판매하는 고객회사의 명단과 주소지 파악
  - 거래처의 고객회사별 월간 거래금액 파악
  - 거래처의 고객회사가 거래처에 대금을 결제하는 방법과 시기 파악
  - 거래처가 자기의 고객회사에서 수금할 금액(채권액) 파악
- 거래처의 주거래은행과 기타의 거래 금융권 확인
  - 대출, 어음할인 거래은행 파악 · 점검
  - 외환거래은행 파악 · 점검
- 부동산 이외의 재산 파악
  - 공장 · 사무실 · 영업소를 임차하여 사용하는 경우, 임대인 주소 · 성명 · 임대보증금 금액 확인
  - 거래처 소유 차량번호 확인

■ 거래처 부도징후 시 안전조치

거래처에 부도의 징후가 보일 때에는 채권금액을 줄이고 기존 채권에 대한 회수의 안전성을 확보하기 위한 다음과 같은 조치를 취할 필요가 있다.

- 담보 · 보증의 제공 요구
  - 거래처 소유 부동산에 대한 근저당 설정
  - 거래처 외의 계열사나 개인 소유 부동산에 대한 근저당 설정
  - 거래계약에 대한 보증인 추가
  - 발행어음에 대한 어음 보증인 요구
- 견질 어음, 수표의 요구
  - 견질 어음이나 수표를 담보로 제공할 것을 요구(백지어음 · 백지수표로)
  - 견질 어음을 받았다면 백지수표로 교체 지급요구(수표는 부도가 나는 경우 형사 처벌도 받게 되므로 견질로 어음을 받는 것보다는 수표가 유리)
- 공정증서의 작성(공증)
  - 약속어음에 대한 공증
  - 거래계약서에 대한 공증
- 거래처에게 채권금액의 확인요청
  - 거래처에 '채무확인서'를 요구
  - 외상대금 지급을 독촉하는 내용증명우편의 발송
- 거래처의 채권 양도 요구
  - 거래처가 자기의 고객에게서 받을 채권의 양도승낙서를 양도받음
  - 거래처가 자기의 고객에게서 수금할 금액을 대신 수령할 위임장 요구
- 재고자산의 회수
  - 이미 판매된 물품 중에서 아직 재고로서 창고나 영업소에 보유하고 있는 재고자산의 수량과 보관위치 파악
  - 바로 사용하지 않을 재고를 협의하여 회수
  - 계약을 해지하고 재고를 회수할 것인지 검토
- 외상판매의 중단
  - 신용한도금액을 축소
  - 가능하면 모든 판매를 현금판매로 전환
- 채권금액의 정확한 파악
  - 수금한 어음 중에서 아직 지급기일이 도래하지 않은 어음금액 파악(할인한 어음도 포함)
  - 외상판매 후 회수하지 못한 채권금액을 정확히 파악

- 납품 후 세금계산서를 아직 발행하지 못한 금액의 파악
- 납품 후 세금계산서를 발행하지 않은 판매액에 대해서는 즉시 세금계산서 발행 (월 합계 세금계산서를 발행하는 경우라도 월중에 나누어 발행)

직무능력평가 4-5

다음 ( ) 안에 알맞은 용어를 써넣으시오.

① 공시최고 신청 전에 은행에게 어음 또는 수표의 분실신고를 접수하고 ( )를 발급받는다. 또한 경찰서에 분실신고를 접수하고 ( )를 발급받는다. 이후 이를 근거로 지급지(또는 발행인) 법원에 공시최고신청서를 제출하여 법적 절차를 진행한다.

② 어음의 소지인은 발행인을 포함하여 ( ), 보증인 모두에 대하여 어음금의 지급을 청구할 수 있으며, 그 중 가장 재력이 있는 자를 골라 한 사람에게 청구할 수도 있다.

③ 부도 시, 발행인(채무자)의 입장에서는 강제집행을 면하기 위하여 재산을 은닉하거나 제3자 명의로 변경하는 등 지급을 회피할 가능성이 크므로 ( ) 등의 보전 신청을 즉시 신청하도록 하고, 사해행위 취소의 소, 채무자가 법인일 경우에는 파산 또는 회사정리신청을 하는 등에 대비한 필요한 모든 조치를 강구하도록 한다.

| 풀이 |

① ( ), ( ), ② ( ), ③ ( )

• 직무능력수행(성취도)평가 문제

| 단답형문제 |

<table>
<tr><td rowspan="2">【자금관리】
직무능력수행(성취도)평가</td><td rowspan="2">제한
시간</td><td rowspan="2">분</td><td>응시번호</td><td>성 명</td></tr>
<tr><td></td><td></td></tr>
</table>

다음 ( ) 안에 알맞은 용어를 써넣으시오.

1. 기업에서의 ( )란 자금의 수입과 지출을 기록・관리하고, 분석해서 자금계획을 수립하여 효율적으로 부족자금을 조달하고 여유자금을 운용하는 것이다.

2. 수표・어음이 ( ) 내에 제시되는 것인지 확인한다. ( ) 내에 수표・어음이 제시되지 않을 경우에 소구권을 상실한다.

3. 도난, 분실 등으로 인한 위험을 방지하기 위해 ( )에 두 줄의 평행선을 그은 수표로서 은행으로부터 수표대금을 받을 수 있는 자를 제한하는 수표를 횡선수표라 한다.

4. 법인과 개인사업소득자가 다른 사업자로부터 건당 거래금액이 ( )[접대비는 1만원]을 초과하는 재화 또는 용역을 공급받고 그 대가를 지급한 경우에는 법정지출증빙인 세금계산서[전자세금계산서 포함], 계산서, 신용카드매출전표, 현금영수증 등을 수취하여 5년간 보관하여야 한다.

5. 영수증은 접대비를 제외한 지출 중 거래 건당 3만원 이내의 지출은 지출사실을 법적으로 인정받지만, 3만원을 초과한 영수증 수취 시 ( ) 대상이 된다.

6. 일반적으로 상품 등의 매매는 세금계산서 등의 ( )을 교부 또는 수취해야 한다. 그러나 세금계산서나 계산서, 영수증 등에는 거래내역을 상세히 기록하는 것이 불가능하므로 세부적인 거래내역이나 사실을 뒷받침할 거래명세서를 작성하는 경우가 있다.

7. (   )은 일정기간을 정해 놓고 매월 일정액을 적립하여 만기일에 약정금액을 일시금으로 지급받는 것을 내용으로 하는 전형적인 적립식 금융상품이다.

8. (   )은 우량기업이 자금조달을 위해 발행하는 융통어음을 금융기관이 할인 매입하여 다시 고객들에게 판매하는 금융상품이다.

9. (   )은 금융기관이 고객으로부터 금전을 신탁재산으로 예탁받아 이를 대출이나 증권 등으로 운영하여 일정기간 후에 원금과 수익을 고객에게 돌려주는 금융상품이다.

10. (   )은 정해진 기간 동안 일정금액을 모으기 위한 예금으로 요구불예금에 비해 상대적으로 높은 이자가 발생하며 정기예금, 정기적금 등이 있다.

11. (   )은 전국을 대상으로 영업을 한다. 국민은행, 신한은행, 우리은행, 하나은행, 한국씨티은행 등이 있다.

12. (   )은 국가의 정책목적을 달성하기 위하여 자금을 조달하고 지원하는 공금융기관이다. 한국산업은행, 한국수출입은행, 기업은행, 농업・수산업 협동조합중앙회 신용사업부문 등이 있다.

13. (   )는 주로 기업을 상대로 예금과 대출을 전문 거래하는 기업전문 금융기관이다. 해외외자조달이나 해외투자, 국제금융업무, 리스, 유가증권, CP 등 거의 모든 금융업무를 취급하고 있다.

14. 금융투자업자는 증권거래에 관련된 금융서비스를 제공하는 금융기관으로서 자산운용사와 증권회사 등이 있다. (   )는 여러 투자자가 맡긴 돈(펀드)으로 투자하여 운영수익을 배당하고 수수료를 받는다. (   )는 증권의 발행을 주선하고 발행된 증권의 거래를 통해 수수료를 받는다.

15. 전자금융거래 전에 전자금융서비스를 위한 (   )를 거래은행으로부터 받는다.

16. (   )는 정부에서 인정한 공인인증기관이 발행하는 법적으로 효력을 지니고 있는 인증서로써 인터넷뱅킹뿐만 아닌 각종 계약과 신청, 거래 등에 이용한다.

17. (　　　)이란 은행에 직접 가지 않고 전화로 은행잔고 확인뿐만 아니라 계좌이체, 사고신고, 지로 및 공과금납부 등의 은행과 관계된 업무를 처리하는 것을 말한다.

18. 법인의 명의로 발급할 수 있는 카드는 크게 신용카드와 직불카드, 체크카드로 구분할 수 있다. (　　　)란 신용을 담보로 이를 소지한 회원에게 상품이나 용역을 현금의 즉시 지불 없이 신용공여기간 동안 외상으로 구입할 수 있는 증표이다.

19. (　　　)는 기업이 특정한 이용자를 지정하지 않고 해당 기업의 임직원이면 누구나 사용할 수 있는 카드이다. 카드 실물에 특정 사용자가 표기되어 있지 않고 기업체의 명칭이 영문으로 표기되어 있다. 이 카드는 카드의 서명란에는 기업명이 기재되어 있으나, 카드 사용 시 매출전표에는 사용자의 서명을 기재해야 한다.

20. (　　　)는 기업이 특정 이용자를 지정한 카드이다. 즉 임직원 중 카드에 사용자의 영문이 기재된 자에 한해 사용할 수 있는 카드이다.

21. 다음은 약속어음의 요건(필요적 기재사항)이다 (　　) 안에 알맞은 말을 써넣으시오.
① 증권의 본문 중에 그 증권을 작성할 때 사용하는 국어로 약속어음을 표시하는 글자(어음문구)
② 조건 없이 일정한 금액을 지급할 것을 약속하는 뜻
③ 만기
④ (　　　)
⑤ 지급받을 자 또는 지급할 자를 지시할 자의 명칭
⑥ 발행일 및 발행지
⑦ 발행인의 기명날인 또는 서명

22. 당좌수표는 은행 등 금융기관에 (　　　)을 자금으로 하여 일정금액의 지급을 의뢰하는 증권을 말한다. 기업은 현금에 의한 지급은 위험하고 귀찮기 때문에 은행에 무이자의 이 예금계좌를 개설한다. 이 예금은 수표발행 시에 사용하는 인장의 인영을 신고하고 은행으로부터 수표장을 받아 거래 시 수표를 발행하고 소지인이 수표를 은행에 제시하면 예금을 인출해 준다.

23. 자기앞수표는 발행인이 지급인을 겸하는 수표(수표법 제6조 ③)로서, 발행인·지급인이 모두 은행이며 지급에 관하여는 안전성이 보장되어 있다. 이는 수표의 법적 성질을 이용하고 부도의 위험을 방지하는 수단으로서 은행이 발행하는 수표이며 오늘날 상당

히 보급되고 있다. 이 수표를 또한 속칭 ( )라고도 한다.

24. ( )은 만기일 하루 전에 거래은행에 가서 입금한다. 특별한 경우에는 만기일에 직접 지급은행을 방문하여 지급을 청구할 수도 있다. 이것은 어음의 지급기일(만기일) 전에 어음대금의 지급을 지급은행에 청구하면 '지급기일 미도래' 이유로 부도처리되어 지급거절이 되기 때문이다.

25. 어음의 예금부족 사유로 인한 부도와 수표의 부도가 발생하면 발행인의 ( )가 일정기간 정지된다.

26. 전자어음에 필요한 항목을 기입(피배서인 인적사항 등)하고 ( )로 전자어음을 배서한다. 이때 전자어음의 피배서인은 전자어음 배서 전에 회원가입이 되어 있어야 한다.

27. 공시최고 신청 전에 은행에게 어음 또는 수표의 분실신고를 접수하고 ( )를 발급받는다.

28. 공시최고신청 전에 ( )에 분실신고를 접수하고 분실신고접수증명서를 발급받는다. 이후 이를 근거로 지급지(또는 발행인) 법원에 공시최고신청서를 제출하여 법적 절차를 진행한다.

29. ( )은 발행인을 포함하여 배서인, 보증인 모두에 대하여 어음금의 지급을 청구할 수 있으며, 그 중 가장 재력이 있는 자를 골라 한 사람에게 청구할 수도 있다.

30. 부도 시, 발행인(채무자)의 입장에서는 강제집행을 면하기 위하여 재산을 은닉하거나 제3자 명의로 변경하는 등 지급을 회피할 가능성이 크므로 ( ) 등의 보전신청을 즉시 신청하도록 하고, 사해행위 취소의 소, 채무자가 법인일 경우에는 파산 또는 회사정리신청을 하는 등에 대비한 필요한 모든 조치를 강구하도록 한다.

| 주관식문제 |

<table>
<tr><td rowspan="2">【자금관리】
직무능력수행(성취도)평가</td><td rowspan="2">제한
시간</td><td rowspan="2">분</td><td>응시번호</td><td>성　명</td></tr>
<tr><td></td><td></td></tr>
</table>

1. 다음 자료에 의하여 적정유동성(1회전 운전자본)을 계산하시오.

연간 매출액	3,300원
재고자산회전일(재고자산보유기간)	45일
매출채권회전일(매출채권회수기간)	37일
매입채무회전일(매입채무지급기간)	40일

| 풀이 |

• 1일평균 매출액 계산

• 현금회수기간(운전자본소요기간) 계산

• 적정유동성(1회전 운전자본) 계산

2. 다음 자료에 의하여 단기자금수지계획표를 작성하시오.

(1) 3월 1일의 직전 영업일인 전년 2월 28일의 잔액은 4,000원이다. 3월 4일부터 3월 25일까지는 일시 휴업예정으로 자금변동이 없다고 가정한다.

(2) 자금수입 예정자료

① 3/ 1 A상품 매출 650원을 매출하고 570원은 현금, 나머지는 어음으로 받기로 하다.

② 3/26 서울은행에서 3년 만기 정기예금 300원이 만기될 예정이다.

③ 3/26 매출처 한양상사로부터 외상매출금 460원을 당좌예금계좌로 회수할 예정이다.

④ 3/27 대여금에서 발생한 이자 30원을 받기로 하다

(3) 자금지출 예정자료

① 3/1 장기차입금 상환일이 되어 210원을 당좌수표를 발행하여 상환할 예정이다.

② 3/3 정기적금 매달 납입예정일로 납입금 170원이 보통예금에서 자동이체될 예정이다.

③ 3/26 컴퓨터 250원을 구입하고 보통예금계좌에서 지급할 예정이라는 지출품의가 있었다.

④ 3/27 직원의 급여 340원을 현금으로 지급할 예정이다.

| 풀이 |

단기자금수지계획표

구분			3/1	3/3		3/26	3/27
현금및현금성자산 전일잔액							
수입	영업수익	A상품 매출					
		B상품 매출					
		기타 영업수입					
	영업외 수익	이자 수입					
		배당금 수입					
		기타 영업외수익					
	기타	예·적금 만기					
		자산 회수					
		차입 조달					
수입 총계(A)							
지출	영업지출	원재료 구입					
		인건비					
		기타					
	영업외 지출	이자 지급					
		기타 금융비용 지급					
		기타					
	기타	예·적금 납입					
		자산 투자·구입					
		차입금 상환					
지출 총계(B)							
순자금 변동(A-B)							
현금및현금성자산 당일잔액							
회전차입금(당좌차월) 등							
회전차입금포함 자금잔액							

3. 다음 자료에 의하여 자금일보(현금예금일보, 자금수지실적표)를 작성하시오.

(1) 현금및현금성자산의 증감 자료(11월 12일)

① 현금: 서경문구로부터 복사지를 구입하고 1,000원을 지급하다.

② 국민은행 보통예금: (주)중경상사로부터 A상품 판매대행수수료 2,500원이 국민은행 보통예금계좌에 입금되다.

③ 하나은행 보통예금: ㈜남경상사로부터 B상품 계약금 8,500원이 하나은행 보통예금계좌에 입금되다.

④ 하나은행 보통예금: 강철수외 직원 급여로 15,000원이 지급되다.

⑤ 하나은행 보통예금: 정기적금 11월분 2,000원이 대체 지급되다.

⑥ 신한은행 당좌예금: 동구상사로부터 C상품 외상대금 17,000원이 신한은행 당좌계좌에 입금되다.

⑦ 신한은행 당좌예금: ㈜일호로부터 C상품 원재료 13,000원을 구입하고 수표를 발행하여 지급하다.

(2) 현금, 예금 및 금융투자상품 전일(11/11) 잔액

자금일보에 기록되는 현금, 예금 및 금융투자 상품의 11월 11일(전일) 잔액은 다음과 같다.

구분		전일잔액
현금및현금성자산	현금(원화)	18,000
	우리은행 보통예금	5,000
	하나은행 보통예금	30,000
	신한은행 당좌예금	54,000
단기금융상품	우리은행 정기예금	5,000
장기금융상품	신한은행 정기예금	7,000
장기금융상품	하나은행 정기적금	9,000

| 풀이 |

자금(현금예금)일보

201×년 11월 12일

담당	팀장	이사	대표이사

자금(현금예금)현황

구분		전일잔액	입금	출금	금일잔액
현금	원화				
보통예금	우리은행				
보통예금	하나은행				
당좌예금	신한은행				
현금및현금성자산(합계)					

자금(현금예금)의 증가

계정과목	적요	거래처명	금액

자금(현금예금)의 감소

계정과목	적요	거래처명	금액

금융상품 투자현황

구분		전일잔액	투자	회수	금일잔액
단기금융상품	우리은행 정기예금				
장기금융상품	신한은행 정기예금				
장기금융상품	하나은행 정기적금				

4. 다음 견적서와 추가자료에 의하여 ㈜부산이 작성해야 할 지출품의서를 작성하시오.

견적서

NO.____________

공급자	사업자 등록번호	236-81-32121			일자: 201×년 7월 11일
	상 호	(주)청구문구	성명	장길동 (인)	
	사업장 소재지	서울시 종로구종로동 종로빌딩 3층 300호			(주)부산 귀하
	업 태	도·소매	종목	문구	
	연락처	Tel.02-00-0000, Fax.02-000-0001			아래와 같이 견적합니다.

프로젝트/공사명	복사지외 문구
합계금액 (공급가액+세액)	일금 삼십구만이천원(₩392,000)

품번	품명/규격	단위	수량	단가	공급가액	세액	비고
01	복사지	BOX	10	33,000	300,000	30,000	330,000
02	볼펜	BOX	10	2,200	20,000	2,000	22,000
03	봉투(대)	BOX	10	4,000	36,364	3,366	40,000
	이하여백						

〈추가자료〉

(1) 지출품의서 작성일은 201×년 7월 12일이다.

(2) 지출품의서의 사용목적은 '하반기 소모품 구입'이다.

(3) 지출품목의 품번 1과 2는 201×년 8월 1일 납품예정이고 품번 3은 8월 12일 납품예정이다. 이를 지출품의서 '비고'란에 기록한다.

| 풀이 |

지출품의서

201×년 월 일

담당	팀장	이사	대표이사

지급금액	일금 ( )
사용목적	
지급처	
계정과목	

아래와 같은 내용으로 지출품의서를 제출하오니 결재하여 주시기 바랍니다.

품번	내용	금액			비고
		합계	공급가액	부가가치세	

5. 다음 자료에 의하여 지출결의서와 (대체)전표를 작성하시오.

(1) 영업팀의 총무담당인 사원 김대한은 업무상 사용할 노트북을 구입을 위해 지난 7월 15일 다음과 같은 지출품의서를 사전에 품의를 받아 놓은 후 8월 8일 노트북 구입 지출품의서의 내용과 같은 전자세금계산서를 받아 경리담당 문한국에게 지출결의를 의뢰하다.

지출품의서

201×년 7월 15일

담당	팀장	이사	대표이사

지급금액	일금 백삼십이만원(₩1,320,000)
사용목적	노트북 구입
지급처	서대문전자
계정과목	비품/부가가치세대급금

아래와 같은 내용으로 지출품의서를 제출하오니 결재하여 주시기 바랍니다.

품번	내용	금액			비고
		합계	공급가액	부가가치세	
1	삼성전자 노트북	1,100,000	1,000,000	100,000	201×년 8월 9일 구입예정
2	노트북가방	220,000	200,000	20,000	201×년 8월 9일 구입예정

(2) 8월 8일 경리담당 문한국은 당사 (주)동성의 국민은행 보통예금계좌 1285-9000-7236에서 서대문전자 하나은행 8642-9000-3963 대체지급하기로 하고 지출결의서를 작성하여 결재를 받다.

(3) 8월 9일 지출결의서의 결재가 완료되어 지출(대체)을 하고 전표처리를 하다.

| 풀이 |

지출결의서

담당	팀장	이사	대표이사

부서		직책		성명	
지출금액	일금 원( )				
제목					
내역	적요	금액			비고
		합계	공급가액	부가가치세	
	합계				
	*입금계좌: (예금주:)				

위 금액을 청구하오니 결재하여 주시기 바랍니다.(사전 지출품의서 뒷면 첨부)

201×년 월 일

보고인: (인)

대체전표

No. -　　　　201×년　월　일

검인		담당	

계정과목	차변	계정과목	대변
합계		합계	
적요			

6. 정액자금선급제도를 채택하고 있는 (주)강원 춘천지사의 11월 중 거래이다. 소액현금출납장을 작성하고, 회계과에서 행할 당월초, 당월말, 차월초 분개를 하시오.

11월 1일 회계과로부터 소액자금으로 2,000원의 수표를 받다.
11월 12일 부서 직원 시내출장으로 인한 택시요금 300원을 지급하다.
11월 18일 부서 고객 접대용 음료 150원을 구입하다.
11월 23일 부서 우편요금 250원을 지급하다.
11월 25일 부서 전기요금 400원을 지급하다.

| 풀이 |

소액현금출납장

수입액	날짜		적요	지급액	지급명세			
					여비교통비	수도광열비	통신비	잡비
	11	1						
	11	12						
	11	18						
	11	23						
	11	25						
	11	30						
	11	30						
	12	1						
	12	1						

기록 시기	차변		대변	
	계정과목	금액	계정과목	금액
11/1				
11/30				
12/1				

7. 다음 거래를 분개하여 3전표제도에 의하여 필요한 전표에 기록하시오.

11월 12일 충청상사에서 을 상품 3,000원(50개 @60원)을 현금을 지급하고 매입하다.

11월 17일 위 매입한 을 상품 중 30개를 2,100원(@70원)의 현금을 받고 경기상사에 매출하다.

11월 23일 위 매입한 을 상품 중 나머지 20개를 1,600원(@80원)에 외상으로 경남상사에 매출하다.

| 풀이 |

구분	차변		대변	
	계정과목	금액	계정과목	금액
(1) 11월 12일				
(2) 11월 17일				
(3) 11월 23일				

출금전표

No.　　　201×년　월　일

검인		담당	

과목		성명	
적요			금액
합계			

입금전표

No.　　　201×년　월　일

검인		담당	

과목		성명	
적요			금액
합계			

대체전표

No.　　　201×년　월　일

검인		담당	

계정과목	차변	계정과목	대변
합계		합계	
적요			

8. 다음 거래를 분개하고 두 개의 전표로 작성하시오.

10월 15일 상품 90,000원(갑 상품 200개 @450원)을 화성상사에 매출하고 대금 중 30,000원은 현금으로 받고 잔액은 외상으로 하다.

| 풀이 |

구분	차변		대변	
	계정과목	금액	계정과목	금액
10월 15일				

(　)전표

No. ××　　　201×년　월　일

검인		담당	

과목		성명	
적요			금액
합계			

대체전표

No. ××　　201×년　월　일

검인		담당	

계정과목	차변	계정과목	대변
합계		합계	
적요			

9. 다음 자료에 의해 현금출납부를 작성하시오.

〈거래자료〉

10월 1일 전월말 현금잔액은 4,000원이다.

10월 13일 9월분 임차료 500원 중 300원을 현금으로 지급하고 나머지 금액은 수표를 발행하여 지급하다.

10월 16일 기계 수리를 하고 200원을 현금으로 지급하다.

10월 18일 9월분 정직원 급여 2,400원을 현금으로 지급하다.

10월 20일 A제품 4개를 1개당 1,000원에 판매하고 3,200원은 현금으로 받고 나머지는 나중에 받기로 하다.

10월 25일 의자 2개를 800원에 구입하고 현금으로 지급하다.

10월 27일 단기대여금의 이자 150원을 현금으로 받다.

〈거래일자별 분개자료〉

10월 13일	(차)	임차료	500	(대) 현금	300
				당좌예금	200
10월 16일	(차)	수선비	200	(대) 현금	200
10월 18일	(차)	급여	2,400	(대) 현금	2,400
10월 20일	(차)	현금	3,200	(대) 매출	4,000
		외상매출금	800		
10월 25일	(차)	비품	800	(대) 현금	800
10월 27일	(차)	현금	150	(대) 이자수익	150

| 풀이 |

현금출납부

담당	과장	부장	이사

(단위: 원)

월	일	계정과목	적요	수입	지출	잔액	비고
			합계				

10. 다음은 ㈜일동이 예치한 저축성예금 자료이다. 이 자료에 의하여 20×6년 3/4분기말 예·적금(금융상품) 관리대장을 작성하시오.

(1) 20×6년 3월 17일 한일은행 북부지점에 3년 만기 하나정기예금에 가입하고 3,000원을 예치하다. 만기는 20×9년 3월 17일이고 약정이자율 1.7%를 복리로 계산한 만기지급액은 3,157원이다.

(2) 20×6년 6월 8일 삼한은행 남부지점에 2년 만기 자유정기적금에 가입하고 매월 300원씩 적립하기로 하고 1회분을 적립하다. 만기는 20×8년 6월 8일이고 약정이자율 1.8%를 복리로 계산한 만기지급액은 7,337원이다. 또한 정기적금은 지연해서 적립되지 않고 매월 정상적으로 적립되었다.

(3) 만기 지급액은 세금 등을 고려하지 않고 기록하는 것으로 한다.

| 풀이 |

예 · 적금(금융상품) 관리대장

(20×6년 월 일 현재)

담당	과장	부장	이사

(단위: 원)

구분	금융상품명	예치기관	예치금액	만기일	이자율	만기 지급액	비고
합계				–	–		

※ 만기 지급액은 세금 등을 고려하지 않은 금액임.

11. 종로상사의 20×6년 11월 30일 현재 총계정원장의 '당좌예금'계정 잔액은 431,000원이고 은행에서 발행된 예금잔액증명서는 400,000원이다. 불일치의 원인이 다음과 같을 때 은행계정조정표를 작성하시오.

(1) 이미 발행한 수표로서 은행측에서 수표소지인이 아직 제시(지급청구)하지 않아 미지급한 매입처 수원상사앞 발행수표 83,000원이 있다.

(2) 11월 30일 오후에 은행에 당좌예입하여 장부에 기록했으나 은행에서는 다음 날 예입된 것으로 처리한 것이 69,000원이 있다.

(3) 수원상사로부터 외상매출대금 45,000원이 거래은행의 당점 당좌예금계좌로 입금되었으나 당점에 통지가 미달되었다.

(4) 당좌예입한 10,000원이 장부상에 100,000원으로 잘못 기장되었다.

| 풀이 |

<table>
<tr><td colspan="4" align="center">은행계정조정표
(단위: 원)</td></tr>
<tr><td>은행잔액증명서 잔액</td><td></td><td>당사 당좌예금계정 잔액</td><td></td></tr>
<tr><td>조정 후 잔액</td><td></td><td>조정 후 잔액</td><td></td></tr>
</table>

※ 회사측 조정사항에 대해서는 분개를 해서 총계정원장 '당좌예금'계정을 수정한다.

〈당좌예금 통지 미달 분개〉
(차) (대)

〈당좌예입금액 오기액 분개〉
(차) (대)

12. 다음 자료에 의하여 법인카드 관리대장을 작성하시오.

(1) 20×6년 7월 23일 사용자 교부 법인카드 자료

카드사	카드번호	명의자 (또는 사용자)	사용부서	한도금액	관리자	사용여부	유효기간
국민	4724-8321- 6236-××××	정한국(인)	생산부	5백만원	한국인	사용	202×.7

(2) 20×6년 9월 21일 사용자 교부 법인카드 자료
사내 법인카드 사용관리자인 회계부 한국인은 영업부 요청으로 현대카드사로부터 9월 20일 발급받은 공용법인카드 카드번호 3769-5436-7862-××××(사용 한도금액 8백만원, 유효기한 202×.9)를 영업부 강서울 사원에게 서명을 받고 교부하였다.

| 풀이 |

담당	과장	부장

법인카드 관리대장

(20×6년 월 일 현재)

순번	카드사	카드번호	명의자 (또는 사용자)	사용부서	한도금액	관리자	사용여부	유효기간	비고

※ 기업공용카드(무기명식 기업카드)의 경우에는 카드를 지급받은 사용자를 기재한다.

13. 다음 자료에 의하여 법인카드 사용대장을 작성하시오.

(1) 회계부 한국인은 9월 24일 생산부 사원 정한국으로부터 생산부 직원 단합을 위해 지출한 다음의 회식비 신용카드 매출전표를 제출받았다.

매출전표

카드종류	거래일자
하나기업카드	20×6.9.24 20:15
카드번호(CARD NO)	
4512-9921-1458-××××	
승인번호	금액 AMOUNT 100,000
40087×××	부가세 V.AT 10,000
일반 / 할부 일시불	봉사료 CASHBACK
거래유형	
신용구매	합계 TOTAL 110,000
가맹점명	
성공식당	
대표자명	사업자번호
한○○	106-82-36×××
전화번호	가맹점번호
02-924-8×××	000536475×××
주소	
서울 성북구 ○○동 ○○○	

상기의 거래 내역을 확인합니다. 서명

(2) 회계부 한국인은 9월 27일 영업부 사원 강서울로부터 열정문구에서 복사지를 구입한 다음의 신용카드 영수증을 제출받았다.

신용카드 승인전표
(고객용)

사업자번호 106-82-94×××
상호: 열정문구
전화번호: 02-403-7×××
서울 강동구 00동 000
20×6.9.27 13:30 1041-01-0023
==========================
카드종류: 우리
카드번호: 3652-5767-2836-****
유효기간: 2×/10
승인일자: 20×6.9.27
할부기간: 일시불
승인번호: 89942×***
가맹번호: 959427***
승인금액: 52,000
==========================

| 풀이 |

법인카드 사용대장

담당	과장	부장

순번	사용일자	카드사	카드번호	사용처	카드 사용내용	사용금액	부서	사용자	비고

14. 다음 ㈜천진의 법인신용카드의 사용내역에 의해 사용일자별로 필요한 회계처리와 결제일에 필요한 회계처리를 하시오.

① 9월 6일 영업부에서 매출처 ㈜상주의 구매부 직원과 판매상담을 위해 함께 식사를 하고 51,000원을 법인신용카드를 사용하여 결제하다.

(차) (대)

② 9월 9일 고성상사로부터 생산공정(과정)에 사용될 섬유원단 30,000원(부가가치세 별도)을 구입하고 대금은 법인신용카드를 사용하여 결제하다.

(차) (대)

③ 9월 10일 업무에 참고할 잡지 7,000원을 구입하고 법인신용카드를 사용하여 결제하다.

(차) (대)

④ 9월 14일 총무부 직원이 업무상 시내출장을 하고 택시비로 10,000원이 발생하여 법인신용카드를 사용하여 대금을 결제하다.

(차) (대)

⑤ 9월 18일 관리부 직원들이 업무능력 향상을 위해 회식을 하고 73,000원을 법인신용카드를 사용하여 결제하다.

(차) (대)

⑥ 9월 19일 상품 매출 시 상품을 매출(거래)처로 보내기 위해 화물차를 빌리고 이용요금 30,000원을 법인신용카드를 사용하여 결제하다.

(차) (대)

⑦ 9월 22일 총무부에서 주주총회 안내 자료를 발송하고 우편요금으로 12,000원이 발생하여 법인신용카드를 사용하여 결제하다.

(차) (대)

⑧ 9월 24일 총무부에서 복사용지 16,000원을 구입하고 법인신용카드를 사용하여 결제하다(단, 기중 비용으로 처리한다).

(차) (대)

⑨ 9월 27일 회사 건물의 1년간 화재보험료 80,000원을 법인신용카드를 사용하여 결제하다.

(차) (대)

⑩ 9월 28일 생산부에서 사용 중이던 기계에 고장이 발생해서 이를 수리하고 38,000원을 법인신용카드를 사용하여 결제하다.

(차) (대)

⑪ 9월 30일 회사 건물의 재산세 64,000원을 법인신용카드를 사용하여 납부하다.

(차) (대)

⑫ 10월 23일 9월분 법인신용카드 사용대금 414,000원에 대한 결제가 결제계좌인 보통예금에서 처리되다.

(차) (대)

15. 다음 거래를 분개하시오(단, 상품매매 회계처리는 3분법 적용).

(1) 안국상사에 상품 720원을 매출하고, 대금은 동점 발행 약속어음을 받다.
(2) 위 (1)의 약속어음이 만기가 되어 현금으로 회수하다.
(3) 한미상사에서 상품 870원을 매입하고, 대금은 당점 발행 약속어음으로 지급하다.
(4) 위 (3)의 약속어음이 만기가 되어 현금으로 지급하다.

구분	차변		대변	
	계정과목	금액	계정과목	금액
(1)				
(2)				
(3)				
(4)				

16. 다음 거래를 분개하시오(단, 상품매매 회계처리는 3분법 적용).

(1) 유한상사에서 상품 560원을 매입하고, 대금은 매출처 동원상사의 인수를 받아 환어음을 발행해 주다.
(2) 연수상사에 상품 780원을 매출하고 대금은 환어음으로 받다.
(3) 매입처 도전상사의 요청으로 환어음 390원을 인수하다.

구분	차변		대변	
	계정과목	금액	계정과목	금액
(1)				
(2)				
(3)				

17. 다음 거래를 분개하시오.

(1) 정주상사에 약속어음을 받고 현금 750원을 6개월간 대여하다.
(2) 위 (1)의 어음의 만기가 되어 현금으로 회수하다.
(3) 양주상사에 약속어음을 발행하여 주고 현금 640원을 9개월간 차입하다.

(4) 위 (3)의 어음의 만기가 되어 현금으로 지급하다.

구분	차변		대변	
	계정과목	금액	계정과목	금액
(1)				
(2)				
(3)				
(4)				

18. 다음 거래를 분개하시오.

(1) 차량운반구 510원을 취득원가로 즉시 다시 처분하고 대금은 약속어음으로 받다.
(2) 위 (1)의 약속어음의 만기가 되어 현금으로 회수하다.
(3) 기계장치 430원을 구입하고 대금은 약속어음을 발행하여 주다.
(4) 위 (3)의 약속어음의 만기가 되어 현금으로 지급하다.

구분	차변		대변	
	계정과목	금액	계정과목	금액
(1)				
(2)				
(3)				
(4)				

19. 다음 거래를 분개하시오.

(1) 받을어음 600원이 부도되어 상환청구하다. 지급거절증서작성비 등 제비용 20원을 현금으로 지급하다.
(2) 위 (1)의 부도어음 대금과 만기일 후 이자 10원을 현금으로 받다.
(3) 위 (1)의 부도어음이 추심불능으로 판단되어 채권을 포기하다. 단, 대손충당금 잔액 200원이 있다.

구분	차변		대변	
	계정과목	금액	계정과목	금액
(1)				
(2)				
(3)				

20. 다음의 연속된 거래를 분개하시오(단, 상품매매 회계처리는 3분법 적용).

(1) 국민은행과 당좌거래와 당좌차월 계약(한도 2,000원)을 맺고 현금 900원을 당좌예금하다.
(2) 상품 600원을 매입하고 수표를 발행하여 지급하다.
(3) 비품 700원을 매입하고 수표를 발행하다.
(4) 현금 500원을 당좌예금하다.

구분	차변		대변	
	계정과목	금액	계정과목	금액
(1)				
(2)				
(3)				
(4)				

21. 다음 거래를 분개하시오(단, 상품매매 회계처리는 3분법 적용).

(1) 비품 1,500원을 구입하고 대금은 소지하고 있던 자기앞수표 700원과 타인발행 당좌수표 300원을 지급하고 나머지는 당좌수표를 발행해서 지급하다.
(2) 상품 1,000원을 판매하고 대금은 약속어음 500원과 자기앞수표 200원을 받고 나머지는 외상으로 하다.

구분	차변		대변	
	계정과목	금액	계정과목	금액
(1)				

(2)				

22. 다음 자료에 의하여 어음관리대장을 작성하시오. 다만, 작성 시 확인은 관리(책임)자가 하는 것이나 편의상 작성자 본인의 서명을 한다.

9월 1일 은행으로부터 구입한 전일재고(8월 31일 재고)는 1권 4장, 매입처 ㈜정도에게 상품 1,000원을 매입하고 약속어음(번호 307)을 발행하여 지급하다. 발행된 약속어음을 복사하여 원본 분실 등에 대비하다.

9월 9일 매입처 ㈜강서에게 상품 1,500원을 매입하고 약속어음(번호 308)을 발행하여 지급하다. 서일기계로부터 기계 1,200원을 구입하고 약속어음(번호 309)을 발행하여 지급하다. 발행된 약속어음을 복사하여 원본 분실 등에 대비하다.

9월 11일 관리(책임)자 요구로 어음책 1권 구입을 신청하다.

9월 13일 은행으로부터 어음책 1권(번호 401~410)을 구입하다.

어음(수표) 관리대장

담당	과장	부장

일자	전일재고		구입확인			사용		금일재고		부본정리확인		구입신청		반(불)출확인		비고
	권	장	권	번호	확인	권	장	권	장	번호	확인	권	확인	번호	확인	

해답

1. 직무능력평가 해답
2. 직무능력수행(성취도)평가 문제 해답

1. 직무능력평가 해답

자금관리

| 제1장 | 자금관리

직무능력평가 1-1

1. • 1일평균 매출액 계산
(연간매출액 2,600원÷365일)=1일평균 매출액 7원

• 현금회수기간(운전자본소요기간) 계산
재고자산회전일 73일+매출채권회전일 97일−매입채무회전일 31일=현금회수기간 139일

• 적정유동성(1회전 운전자본) 계산
1일평균 매출액 7원×현금회수기간 139일=적정유동성(1회전 운전자본) 973원

2.

단기자금수지계획표

구분			2/1	2/2			2/27	2/28
현금및현금성자산 전일잔액			2,000	2,360			2,280	2,310
수입	영업수익	A상품 매출	480					
		B상품 매출						
		기타 영업수입						
	영업외수익	이자 수입						70
		배당금 수입						
		기타 영업외수익						
	기타	예·적금 만기					200	
		자산 회수						380
		차입 조달						
	수입 총계(A)		480				200	450
지출	영업지출	원재료 구입						
		인건비						230
		기타						

영업외지출	이자 지급						
	기타 금융비용 지급						
	기타						
기타	예·적금 납입		80				
	자산 투자·구입					170	
	차입금 상환	120					
	지출 총계(B)	120	80			170	230
순자금 변동(A−B)		360	−80			30	220
현금및현금성자산 당일잔액		2,360	2,280			2,310	2,530
회전차입금(당좌차월) 등							
회전차입금포함 자금잔액		2,360	2,280			2,310	2,530

3.

자금(현금예금)일보

201×년 10월 10일

담당	팀장	이사	대표이사

자금(현금예금)현황

구분		전일잔액	입금	출금	금일잔액
현금	원화	21,000		2,000	19,000
보통예금	우리은행	9,000	3,500		12,500
보통예금	하나은행	33,000	9,500	18,000	24,500
당좌예금	신한은행	56,000	19,000	14,000	61,000
현금및현금성자산(합계)		119,000	32,000	34,000	117,000

자금(현금예금)의 증가

계정과목	적요	거래처명	금액
수수료수익	A상품 판매대행 수수료	㈜한중상사	3,500
선수금	B상품 계약금 수금	㈜성일상사	9,500
외상매출금	C상품 외상대금 수금	성내상사	19,000

자금(현금예금)의 감소

계정과목	적요	거래처명	금액
소모품비	볼펜구입	동국문구	2,000
급여	직원급여 지급	직원 김철수외	17,000
원재료	C상품 원재료 구입	㈜동일	14,000

장기금융상품	10월분 적금 납입	하나은행	1,000

금융상품 투자현황

구분		전일잔액	투자	회수	금일잔액
단기금융상품	우리은행 정기예금	2,000	–	–	2,000
장기금융상품	신한은행 정기예금	4,000	–	–	4,000
장기금융상품	하나은행 정기적금	6,000	1,000	–	7,000

4. ① (부족자금), (여유자금) ② (소구권), ③ (횡선수표)

직무능력평가 1-2

1.

지출품의서

201×년 6월 12일

담당	팀장	이사	대표이사

지급금액	일금 이십팔만천원(₩281,000)
사용목적	하반기 소모품 구입
지급처	(주)하나문구
계정과목	소모품비/부가가치세대급금

아래와 같은 내용으로 지출품의서를 제출하오니 결재하여 주시기 바랍니다.

품번	내용	금액			비고
		합계	공급가액	부가가치세	
1	복사지	220,000	200,000	20,000	201×.7. 1 납품예정
2	볼펜	11,000	10,000	1,000	201×.7. 1 납품예정
3	봉투(대)	50,000	45,455	4,545	201×.7.12 납품예정

2.

지출결의서

2016년 7월 8일

담당	팀장	이사	대표이사

성명	영업팀	부서	사원	성명	김길동
지출금액	일금 백사십이만원(₩1,420,000)				
제목	노트북 등 구입	계정과목	비품/부가가치세대급금		

내역	적요	금액			비고
		합계	공급가액	부가가치세	
	삼성전자 노트북	1,320,000	1,200,000	120,000	영업팀 사용
	노트북 주변기기	100,000	90,909	9,091	영업팀 사용
	합계	1,420,000	1,290,909	129,091	7월 9일 지출예정
	*입금계좌: 하나은행 5678-9000-0321 (예금주: 남대문전자)				

위 금액을 청구하오니 결재하여 주시기 바랍니다.(사전 지출품의서 뒷면 첨부)

2016년 7월 8일

보고인: 홍지문 (인)

대체전표

No. -

201×년 7월 9일

검인		담당	

계정과목	차변	계정과목	대변
비품	*1,290,909*	*보통예금*	*1,420,000*
부가가치세대급금	*129,091*		
합계	*1,420,000*	합계	*1,420,000*
적요	*노트북 등 구입*		

3. ① (계산서), (신용카드 매출전표), (현금영수증), ② (영수증), ③ (거래명세서)

직무능력평가 1-3

소액현금출납장

수입액	날짜		적요	지급액	지급명세			
					여비교통비	수도광열비	통신비	잡비
1,500	10	1	소액자금수표수입					
	10	11	택시요금지급	200	200			
	10	17	전기요금지급	300		300		
	10	21	우편요금지급	150			150	
	10	24	고객음료구입	50				50
	10	31	지급합계	700	200	300	150	50
	10	31	차월이월	800				
1,500				1,500				
800	11	1	전월이월					
700	11	1	소액자금수표수입					

기록시기	차변		대변	
	계정과목	금액	계정과목	금액
10/ 1	소액현금	1,500	당좌예금	1,500
10/31	여비교통비 수도광열비 통신비 잡비	200 300 150 50	소액현금	700
11/1	소액현금	700	당좌예금	700

직무능력평가 1-4

1.

구분	차변		대변	
	계정과목	금액	계정과목	금액
(1) 10월 10일	매입	2,000	현금	2,000
(2) 10월 15일	현금	1,200	매출	1,200
(3) 10월 20일	외상매출금	2,100	매출	2,100

출금전표

No. 1   201×년 10월 10일

검인		담당	

과목	매입	성명	경기상사
적요			금액
갑 상품 50개 @₩40원			2,000
합계			2,000

입금전표

No. 2   201×년 10월 15일

검인		담당	

과목	매출	성명	전북상사
적요			금액
갑 상품 20개 @60원			1,200
합계			1,200

대체전표

No. 3   201×년 10월 20일

검인		담당	

계정과목	차변	계정과목	대변
외상매출금	2,100	매출	2,100
합계	2,100	합계	2,100
적요	제주상사에 갑 상품 2,100원(30개 @70원)매출		

2.

구분	차변		대변	
	계정과목	금액	계정과목	금액
11월 23일	현금 외상매출금	50,000 30,000	매출	80,000

(입금)전표

No. ××　　201×년 11월 23일

검인		담당	

과목	*매출*	성명	*오산상사*
적요			금액
을 상품 200개 @400원 매출, 일부 현금 잔액은 외상			*50,000*
합계			*50,000*

대체전표

No. ××　　201×년 11월 23일

검인		담당	

계정과목	차변	계정과목	대변
외상매출금	*30,000*	*매출*	*30,000*
합계	*30,000*	합계	*30,000*
적요	*오산상사에 을 상품 200개 @400원 매출, 일부 외상 잔액은 현금*		

3.

담당	과장	부장	이사

현금출납부

(단위: 원)

월	일	계정과목	적요	수입	지출	잔액	비고
11	1	–	전월이월	3,000		3,000	
	12	임차료	10월분 임차료 지급		200	2,800	
	15	수선비	기계 수리		100	2,700	
	17	급여	10월분 정직원 급여 지급		1,700	1,000	
	19	매출	B제품 3개 판매	2,300		3,300	
	24	비품	책상 2개 구입		1,000	2,300	
	26	이자수익	단기대여금 이자 수입	70		2,370	
	30		차월이월		2,370		
			합계	5,370	5,370		
12	1	–	전월이월	2,370		2,370	

| 제2장 | 예금 관리

직무능력평가 2-1

1. ① (정기적금), ② (기업어음), ③ (금전신탁), ④ (저축성예금)

2.

예 · 적금(금융상품) 관리대장

(20×6년 6월 30일 현재)

담당	과장	부장	이사

(단위: 원)

구분	금융상품명	예치기관	예치금액	만기일	이자율	만기 지급액	비고
1	하나정기예금 (3년 만기)	한성은행 북부지점	5,000	20×9. 2.18	1.6%	5,246	–
2	자유정기적금 (2년 만기)	고려은행 남부지점	400	20×8 5.7	1.7%	4,886	매월 200원 불입
합계			5,400	–	–	10,132	

※ 만기 지급액은 세금 등을 고려하지 않은 금액임.

직무능력평가 2-2

① (시중은행), (시중은행), ② (특수은행), ③ (종합금융회사), ④ (금융투자업자)

직무능력평가 2-3

① (씨크리트(보안)카드), ② (공인인증서), ③ (텔레뱅킹)

직무능력평가 2-4

은행계정조정표			
			(단위: 원)
은행잔액증명서 잔액	380,000	당사 당좌예금계정 잔액	356,000
차감: 발행수표 미지급분	80,000	가산: 당좌예금 통지미달	62,000
가산: 예입금액 미정리	73,000	차감: 당좌예입금액 오기액	45,000
조정 후 잔액	373,000	조정 후 잔액	373,000

※ 회사측 조정사항에 대해서는 분개를 해서 총계정원장 '당좌예금'계정을 수정한다.

〈당좌예금 통지 미달 분개〉

(차) 당좌예금	62,000	(대) 외상매출금	62,000

〈당좌예입금액 오기액 분개〉

(차) 현금	45,000	(대) 당좌예금	45,000

| 제3장 | 법인카드 관리

직무능력평가 3-1

① (신용카드), ② (기업공용카드), ③ (기업개별카드)

직무능력평가 3-2

1.

담당	과장	부장

법인카드 관리대장

(20×6년 6월 19일 현재)

순번	카드사	카드번호	명의자 (또는 사용자)	사용부서	한도금액	관리자	사용여부	유효기간	비고
1	하나	4512-9921-1458-××××	김갑을(인)	생산부	5백만원	김대한	분실	202×.6	
2	우리	3652-5767-2836-××××	홍길동(인)	관리부	1천만원	김대한	사용	202×.8	

2.

담당	과장	부장

법인카드 사용대장

순번	사용일자	카드사	카드번호	사용처	카드 사용내용	사용금액	부서	사용자	비고
1	20×6.7.18	하나	4512-9921-1458-××××	성공식당	직원회식비 지급	97,000	생산부	김갑을	
2	20×6.8.24	우리	3652-5767-2836-××××	열정문구	계산기 구입	30,000	관리부	홍길동	

직무능력평가 3-3

1.

		차변 계정	금액		대변 계정	금액
①	(차)	접대비	43,000	(대)	미지급금	43,000
②	(차)	원재료	70,000	(대)	미지급금	77,000
		부가가치세대급금	7,000			
③	(차)	잡비	9,000	(대)	미지급금	9,000
④	(차)	여비교통비	15,000	(대)	미지급금	15,000
⑤	(차)	복리후생비	86,000	(대)	미지급금	86,000
⑥	(차)	운반비	50,000	(대)	미지급금	50,000
⑦	(차)	통신비	25,000	(대)	미지급금	25,000
⑧	(차)	소모품비	20,000	(대)	미지급금	20,000
⑨	(차)	보험료	60,000	(대)	미지급금	60,000
⑩	(차)	수선비	47,000	(대)	미지급금	47,000

⑪ (차) 세금과공과 28,000 (대) 미지급금 28,000

⑫ (차) 미지급금 460,000 (대) 보통예금 460,000

| 제4장 | 어음 · 수표 관리

직무능력평가 4-1

1. ③ (만기)

2. ① (당좌수표), ② (자기앞수표)

직무능력평가 4-2

1. ① (만기일 하루), ② (예금부족), ③ (공인인증서)

직무능력평가 4-3

1.

구분	차변		대변	
	계정과목	금액	계정과목	금액
(1)	받을어음	900	매출	900
(2)	현금	900	받을어음	900
(3)	매입	700	지급어음	700
(4)	지급어음	700	현금	700

2.

구분	차변		대변	
	계정과목	금액	계정과목	금액
(1)	매입	300	외상매출금	300
(2)	받을어음	650	매출	650
(3)	외상매입금	460	지급어음	460

3.

구분	차변		대변	
	계정과목	금액	계정과목	금액
(1)	어음대여금 (단기대여금)	520	현금	520
(2)	현금	520	어음대여금 (단기대여금)	520
(3)	현금	730	어음차입금 (단기차입금)	730
(4)	어음차입금 (단기차입금)	730	현금	730

4.

구분	차변		대변	
	계정과목	금액	계정과목	금액
(1)	어음미수금 (미수금)	690	차량운반구	690
(2)	현금	690	어음미수금 (미수금)	690
(3)	기계장치	510	어음미지급금 (미지급금)	510
(4)	어음미지급금 (미지급금)	510	현금	510

5.

구분	차변		대변	
	계정과목	금액	계정과목	금액
(1)	부도어음	730	받을어음 현금	700 30
(2)	현금	750	부도어음 이자수익	730 20
(3)	대손충당금 대손상각비	500 230	부도어음	730

6.

구분	차변		대변	
	계정과목	금액	계정과목	금액
(1)	당좌예금	1,500	현금	1,500
(2)	매입	900	당좌예금	900
(3)	비품	1,000	당좌예금 당좌차월	600 400
(4)	당좌차월 당좌예금	400 300	현금	700

7.

구분	차변		대변	
	계정과목	금액	계정과목	금액
(1)	비품	3,000	현금 당좌예금	1,700 1,300
(2)	받을어음 현금 외상매출금	800 1,000 2,200	매출	4,000

8.

어음(수표)관리대장

담당	과장	부장

일자	전일재고		구입확인			사용		금일재고		부본정리확인		구입신청		반(불)출확인		비고
	권	장	권	번호	확인	권	장	권	장	번호	확인	권	확인	번호	확인	
7/1	1	5					1	1	4	206	창			206	창	
7/8	1	4					2	1	2	207	창			207	창	
										208	창			208	창	
7/9	1	2						1	2			1	창			
7/12	1	2	1	301~310	창			2	2							

직무능력평가 4-5

① (미지급증명서), (분실신고접수증명서), ② (배서인), ③ (가압류)

2. 직무능력수행(성취도)평가 문제 해답

자금관리

| 단답형문제 |

1. 자금관리
2. 지급제시기간, 지급제시기간
3. 수표 앞면
4. 3만원
5. 가산세
6. 법정지출증빙
7. 정기적금
8. 기업어음
9. 금전신탁
10. 저축성예금
11. 시중은행
12. 특수은행
13. 종합금융회사
14. 자산운용사, 증권회사
15. 씨크리트(보안)카드
16. 공인인증서
17. 텔레뱅킹
18. 신용카드
19. 기업공용카드
20. 기업개별카드
21. ④ 지급지
22. 당좌예금
23. 보증수표
24. 어음
25. 당좌거래
26. 공인인증서
27. 미지급증명서
28. 경찰서
29. 어음의 소지인
30. 가압류

| 주관식문제 |

1.

- (연간매출액 3,300원÷365일)=1일평균 매출액 9원
- 재고자산회전일 45일+매출채권회전일 37일−매입채무회전일 40일=현금회수기간 42일
- 1일평균 매출액 9원×현금회수기간 42일=적정유동성(1회전 운전자본) 378원

2.

단기자금수지계획표

구분			3/1	3/3			3/26	3/27
현금및현금성자산 전일잔액			4,000	4,360			4,190	4,700
수입	영업수익	A상품 매출	570					
		B상품 매출						
		기타 영업수입						
	영업외 수익	이자 수입						30
		배당금 수입						
		기타 영업외수익						
	기타	예·적금 만기					300	
		자산 회수					460	
		차입 조달						
수입 총계(A)			570				760	30
지출	영업지출	원재료 구입						
		인건비						340
		기타						
	영업외 지출	이자 지급						
		기타 금융비용 지급						
		기타						
	기타	예·적금 납입		170				
		자산 투자·구입					250	
		차입금 상환	210					
지출 총계(B)			210	170			250	340
순자금 변동(A−B)			360	−170			510	−310
현금및현금성자산 당일잔액			4,360	4,190			4,700	4,390
회전차입금(당좌차월) 등								
회전차입금포함 자금잔액			4,360	4,190			4,700	4,390

3.

자금(현금예금)일보

201×년 11월 12일

담당	팀장	이사	대표이사

자금(현금예금)현황

구분		전일잔액	입금	출금	금일잔액
현금	원화	18,000		1,000	17,000
보통예금	우리은행	5,000	2,500		7,500
보통예금	하나은행	30,000	8,500	17,000	21,500
당좌예금	신한은행	54,000	17,000	13,000	58,000
현금및현금성자산(합계)		107,000	28,000	31,000	104,000

자금(현금예금)의 증가

계정과목	적요	거래처명	금액
수수료수익	A상품 판매대행 수수료	㈜중경상사	2,500
선수금	B상품 계약금 수금	㈜남경상사	8,500
외상매출금	C상품 외상대금 수금	동구상사	17,000

자금(현금예금)의 감소

계정과목	적요	거래처명	금액
소모품비	볼펜구입	서경문구	1,000
급여	직원급여 지급	직원 강철수외	15,000
장기금융상품	11월분 적금 납입	하나은행	2,000
원재료	C상품 원재료 구입	㈜일호	13,000

금융상품 투자현황

구분		전일잔액	투자	회수	금일잔액
단기금융상품	우리은행 정기예금	5,000	–	–	5,000
장기금융상품	신한은행 정기예금	7,000	–	–	7,000
장기금융상품	하나은행 정기적금	9,000	2,000	–	11,000

4.

지출품의서

201×년 7월 12일

담당	팀장	이사	대표이사

지급금액	일금 삼십구만이천원(₩392,000)
사용목적	하반기 소모품 구입
지급처	(주)청구문구
계정과목	소모품비/부가가치세대급금

아래와 같은 내용으로 지출품의서를 제출하오니 결재하여 주시기 바랍니다.

품번	내용	금액			비고
		합계	공급가액	부가가치세	
1	복사지	330,000	300,000	30,000	201×.8. 1 납품예정
2	볼펜	22,000	20,000	2,000	201×.8. 1 납품예정
3	봉투(대)	40,000	36,364	3,366	201×.8.12 납품예정

5.

지출결의서

담당	팀장	이사	대표이사

부서	영업팀	직책	사원	성명	김대한
지출금액	일금 백삼십이만원(₩1,320,000)				
제목	영업팀 노트북 등 구입				

<table>
<tr><td rowspan="9">내역</td><td rowspan="2">적요</td><td colspan="3">금액</td><td rowspan="2">비고</td></tr>
<tr><td>합계</td><td>공급가액</td><td>부가가치세</td></tr>
<tr><td>삼성전자 노트북</td><td>1,100,000</td><td>1,000,000</td><td>100,000</td><td>영업팀 사용</td></tr>
<tr><td>노트북 주변기기</td><td>220,000</td><td>200,000</td><td>20,000</td><td>영업팀 사용</td></tr>
<tr><td></td><td></td><td></td><td></td><td></td></tr>
<tr><td></td><td></td><td></td><td></td><td></td></tr>
<tr><td></td><td></td><td></td><td></td><td></td></tr>
<tr><td>합계</td><td>1,320,000</td><td>1,200,000</td><td>120,000</td><td>8월 9일
지출예정</td></tr>
<tr><td colspan="5">*입금계좌: 하나은행 8642-9000-3963 (예금주: 서대문전자)</td></tr>
</table>

위 금액을 청구하오니 결재하여 주시기 바랍니다.(사전 지출품의서 뒷면 첨부)

201×년 8월 8일

보고인: 문한국 (인)

대체전표

No. −　　　201×년 8월 9일

검인		담당	

계정과목	차변	계정과목	대변
비품	*1,200,000*	*보통예금*	*1,320,000*
부가가치세대급금	*120,000*		
합계	1,320,000	합계	*1,320,000*
적요	노트북 등 구입		

6.

소액현금출납장

수입액	날짜		적요	지급액	지급명세			
					여비교통비	수도광열비	통신비	잡비
2,000	11	1	소액자금수표수입					
	11	12	택시요금지급	300	300			
	11	18	고객음료구입	150				150
	11	23	우편요금지급	250			250	
	11	25	전기요금지급	400		400		
	11	30	지급합계	1,100	300	400	250	150
	11	30	차월이월	900				
2,000				2,000				
900	12	1	전월이월					
1,100	12	1	소액자금수표수입					

기록 시기	차변		대변	
	계정과목	금 액	계정과목	금액
11/1	소 액 현 금	2,000	당 좌 예 금	2,000
11/30	여 비 교 통 비 수 도 광 열 비 통 신 비 잡 비	300 400 250 150	소 액 현 금	1,100
12/1	소 액 현 금	1,100	당 좌 예 금	1,100

7.

구분	차변		대변	
	계정과목	금액	계정과목	금액
(1) 11월 12일	매입	3,000	현금	3,000
(2) 11월 17일	현금	2,100	매출	2,100
(3) 11월 23일	외상매출금	1,600	매출	1,600

출금전표

No. 1 201×년 11월 12일

검인		담당	

과목	*매입*	성명	*충청상사*
적요			금액
을 상품 50개 @60원			*3,000*
합계			*3,000*

입금전표

No. 2　　201×년 11월 17일

검인		담당	

과목	*매출*	성명	*경기상사*
적요			금액
을 상품 30개 @70원			*2,100*
합계			*2,100*

대체전표

No. 3　　201×년 11월 23일

검인		담당	

계정과목	*차변*	계정과목	*대변*
외상매출금	*1,600*	*매출*	*1,600*
합계	*1,600*	합계	*1,600*
적요	*경남상사에 을 상품 1,600원(20개 @80원) 매출*		

8.

구분	차변		대변	
	계정과목	금액	계정과목	금액
11월 23일	현금 외상매출금	30,000 60,000	매출	90,000

(입금)전표

No. ××　　201×년 10월 15일

검인		담당	

과목	*매출*	성명	*화성상사*
적요			금액
갑 상품 200개 @450원 매출, 일부 현금 잔액은 외상			*30,000*
합계			*30,000*

대체전표

No. ××　　201×년 10월 15일

검인		담당	

계정과목	*차변*	계정과목	*대변*
외상매출금	*60,000*	*매출*	*60,000*
합계	*60,000*	합계	*60,000*
적요	*화성상사에 갑 상품 200개 @450원 매출, 일부 외상 잔액은 현금*		

9.

담당	과장	부장	이사

현금출납부

(단위: 원)

월일		계정과목	적요	수입	지출	잔액	비고
10	1	–	전월이월	4,000		4,000	
	13	임차료	9월분 임차료 지급		300	3,700	
	16	수선비	기계 수리		200	3,500	
	18	급여	9월분 정직원 급여 지급		2,400	1,100	
	20	매출	A제품 4개 판매	3,200		4,300	
	25	비품	의자 2개 구입		800	3,500	
	27	이자수익	단기대여금 이자 수입	150		3,650	
	31		차월이월		3,650		
			합계	7,350	7,350		
11	1	–	전월이월	3,650		3,650	

10.

예 · 적금(금융상품) 관리대장

(20×6년 6월 30일 현재)

담당	과장	부장	이사

(단위: 원)

구분	금융상품명	예치기관	예치금액	만기일	이자율	만기 지급액	비고
1	하나정기예금 (3년 만기)	한일은행 북부지점	3,000	20×9. 3.17	1.7%	3,157	–
2	자유정기적금 (2년 만기)	삼한은행 남부지점	1,200	20×8. 6.8	1.8%	7,337	매월 300원 불입
합계			4,200	–	–	10,494	

※ 만기 지급액은 세금 등을 고려하지 않은 금액임.

11.

은행계정조정표

(단위: 원)

은행잔액증명서 잔액	400,000	당사 당좌예금계정 잔액	431,000
차감: 발행수표 미지급분	83,000	가산: 당좌예금 통지미달	45,000
가산: 예입금액 미정리	69,000	차감: 당좌예입금액 오기액	90,000
조정 후 잔액	386,000	조정 후 잔액	386,000

※ 회사측 조정사항에 대해서는 분개를 해서 총계정원장 '당좌예금'계정을 수정한다.

〈당좌예금 통지 미달 분개〉

(차) 당좌예금 45,000 (대) 외상매출금 45,000

〈당좌예입금액 오기액 분개〉

(차) 현금 90,000 (대) 당좌예금 90,000

12.

담당	과장	부장

법인카드 관리대장

(20×6년 9월 21일 현재)

순번	카드사	카드번호	명의자(또는 사용자)	사용부서	한도금액	관리자	사용여부	유효기간	비고
1	국민	4724-8321-6236-××××	정한국(인)	생산부	5백만원	한국인	사용	202×.7	
2	현대	3769-5436-7862-××××	강서울(인)	영업부	8백만원	한국인	사용	202×.9	

※ 기업공용카드(무기명식 기업카드)의 경우에는 카드를 지급받은 사용자를 기재한다.

13.

담당	과장	부장

법인카드 사용대장

순번	사용일자	카드사	카드번호	사용처	카드 사용내용	사용금액	부서	사용자	비고
1	20×6.9.24	하나	4512-9921-1458-××××	성공식당	직원회식비 지급	110,000	생산부	정한국	
2	20×6.9.27	우리	3652-5767-2836-××××	열정문구	복사지 구입	52,000	관리부	강서울	

14.

		계정과목	금액		계정과목	금액
①	(차)	접대비	51,000	(대)	미지급금	51,000
②	(차)	원재료 부가가치세대급금	30,000 3,000	(대)	미지급금	33,000
③	(차)	잡비	7,000	(대)	미지급금	7,000
④	(차)	여비교통비	10,000	(대)	미지급금	10,000
⑤	(차)	복리후생비	73,000	(대)	미지급금	73,000
⑥	(차)	운반비	30,000	(대)	미지급금	30,000
⑦	(차)	통신비	12,000	(대)	미지급금	12,000
⑧	(차)	소모품비	16,000	(대)	미지급금	16,000
⑨	(차)	보험료	80,000	(대)	미지급금	80,000
⑩	(차)	수선비	38,000	(대)	미지급금	38,000
⑪	(차)	세금과공과	64,000	(대)	미지급금	64,000
⑫	(차)	미지급금	414,000	(대)	보통예금	414,000

15.

구분	차변		대변	
	계정과목	금액	계정과목	금액
(1)	받을어음	720	매출	720
(2)	현금	720	받을어음	720
(3)	매입	870	지급어음	870
(4)	지급어음	870	현금	870

16.

구분	차변		대변	
	계정과목	금액	계정과목	금액
(1)	매입	560	외상매출금	560
(2)	받을어음	780	매출	780
(3)	외상매입금	390	지급어음	390

17.

구분	차변		대변	
	계정과목	금액	계정과목	금액
(1)	어음대여금 (단기대여금)	750	현금	750
(2)	현금	750	어음대여금 (단기대여금)	750
(3)	현금	640	어음차입금 (단기차입금)	640
(4)	어음차입금 (단기차입금)	640	현금	640

18.

구분	차변		대변	
	계정과목	금액	계정과목	금액
(1)	어음미수금 (미수금)	510	차량운반구	510
(2)	현금	510	어음미수금 (미수금)	510
(3)	기계장치	430	어음미지급금 (미지급금)	430
(4)	어음미지급금 (미지급금)	430	현금	430

19.

구분	차변		대변	
	계정과목	금액	계정과목	금액
(1)	부도어음	620	받을어음 현금	600 20
(2)	현금	630	부도어음 이자수익	620 10
(3)	대손충당금 대손상각비	200 420	부도어음	620

20.

구분	차변		대변	
	계정과목	금액	계정과목	금액
(1)	당좌예금	900	현금	900
(2)	매입	600	당좌예금	600
(3)	비품	700	당좌예금 당좌차월	300 400
(4)	당좌차월 당좌예금	400 100	현금	500

21.

구분	차변		대변	
	계정과목	금액	계정과목	금액
(1)	비품	1,500	현금 당좌예금	1,000 500
(2)	받을어음 현금 외상매출금	500 200 300	매출	1,000

22.

어음(수표) 관리대장

담당	과장	부장

일자	전일 재고		구입확인			사용		금일 재고		부본정리확인		구입 신청		반(불)출 확인		비고
	권	장	권	번호	확인	권	장	권	장	번호	확인	권	확인	번호	확인	
9/1	1	4					1	1	3	307	창			307	창	
9/9	1	3					2	1	1	308	창			308	창	
										309	창			309	창	
9/11	1	1						1	1			1	창			
9/13	1	1	1	401~410	창			2	1							

| 저자약력 |

차동준

국민대학교 회계학과 졸업
동국대학교 경영대학원 회계학과(경영학석사)
강원대학교 대학원 경영학과(회계학전공, 경영학박사)
한일은행, 신한은행, 신흥증권 근무
속초세무서 과세전적부 심사위원
남양주세무서 납세자 보호위원
강원도 7급공무원 임용시험 출제위원
동우대학교 세무회계과 조교수
경복대학교 세무회계과 교수

[주요 저서]

핵심세무회계(경영과회계)
핵심원가회계(경영과회계)
핵심재무회계(경영과회계)
핵심기초회계(경영과회계)
핵심회계회계(경영과회세)
NCS 수행준거별 전표관리와 결산관리(도서출판 청람)

초보경리 실무자를 위한 자금관리

2016년 2월 25일 1판 1쇄 발행
2017년 2월 25일 1판 2쇄 발행

저 자 | 차동준
발행인 | 이수영
발행처 | 도서출판 청람
서울시 마포구 독막로 288(대흥동, 세양상가 109호)
전 화 | 02)3272-2601~2
팩 스 | 02)3272-2603
이메일 | crbooks@daum.net
홈페이지 | http://www.crbooks.co.kr
등 록 | 2000.8.26 제6-0509호

ISBN 978-89-5972-515-1 93320 [정가 19,000원]